존 비비어의 **회개**

The Voice of One Crying:
The Prophetic Ministry of These Last Days
by John Bevere

Copyright ⓒ 1993, 2002 by John Bevere

Published by Messenger Press
an extension of John Bevere Ministries, Inc.
P.O. Box 888
Palmer Lake, Co 80133-0888

Korean Translation Copyright ⓒ 2005 by Pure Nard
2F 16, Eonju-ro 69-gil Gangnam-gu, Seoul, Korea

The Korean edition is published by Arrangement with Messenger Press.
All rights Reserved.

본 저작물의 한국어판 저작권은 Messenger Press와의 독점 계약으로 한국어 판권은 '순전한 나드'가 소유합니다.
저작권자의 허락 없이 이 책의 일부 또는 전체를 무단 복제, 전재, 발췌하면 저작권법에 의해 처벌을 받습니다.

존 비비어의 회개(개정)

초판발행 | 2005년 8월 13일
개정11쇄 | 2022년 5월 13일

지은이 | 존 비비어
옮긴이 | 김유태

펴낸이 | 허철
총괄 | 허현숙
편집 | 송혜숙
제작 | 김도훈
디자인 | 오순영
인쇄소 | 예원프린팅

펴낸곳 | 도서출판 순전한나드
등록번호 | 제2010-000128
주소 | 서울 강남구 언주로69길 16 (역삼동) 2층
도서문의 | 02) 574-6702
팩스 | 02) 574-9704
홈페이지 | www.purenard.co.kr

Printed in Korea

ISBN 978-89-6237-091-1   03230

존 비비어의

회개

존 비비어 지음

이때부터 예수께서 비로소 전파하여 이르시되
회개하라 천국이 가까이 왔느니라 하시더라

마 4:17

John Bevere

The Voice of One Crying

목차

서문 *8*

들어가는 말 *10*

chapter 1 _ 엘리야의 기름 부음 *15*

chapter 2 _ 예언 사역 *29*

chapter 3 _ 외치는 자의 소리 *49*

chapter 4 _ 주의 길을 준비하라 *63*

chapter 5 _ 양의 옷을 입은 이리들 *87*

chapter 6 _ 내가 너희를 도무지 알지 못하니 내게서 떠나가라 *101*

chapter 7 _ 진짜 회개와 가짜 회개 *119*

chapter 8 _ 자기의 복음 *141*

chapter 9 _ 우상 숭배를 피하라 *163*

chapter 10 _ 좋은 뿌리에 좋은 열매가 열린다 *183*

서문

 이 세상에서 가장 중요한 일은 구원이다. 구원받지 못한 사람은 천국에 갈 수 없고, 회개하지 않으면 구원을 받을 수 없다. 『존 비비어의 회개』는 회개에 관련된 책 중에서 최고의 책이다. 이 책을 읽는 모든 독자가 회개를 통해서 마음과 영혼이 깨끗해지기를 바란다. 믿는 사람들은 세상의 기준을 따라서 살 수 없다. 하나님은 우리를 거룩한 사람이 되도록 부르셨다. 오직 회개를 통해서만 우리는 깨끗함을 입고 하나님 앞에 바로 설 수 있으며, 그로 말미암아 영생을 상속받을 수 있다.

 나는 평신도와 목회자가 동시에 사랑과 권위를 가지고 목소리를 높여 외치는 자들이 되기를 원한다. 귀를 간지럽게 하는 소리들은 이제 그만하고, 교회를 회개케 하여, 예수님께서 재림하실 때에 점도 없고 흠도 없는 무리로 드러나도록 해야 한다.

 이 책을 읽으며 당신과 하나님과의 관계를 점검해 보라. 주변 사람들을 바라보며 판단하지 마라. 하나님은 당신에게 말씀하고 싶어 하신다.

 하나님은 이 시대에 교회로 하여금 바른길로 가도록 진실을 말해 줄 예언자들을 찾고 계신다. 존 비비어는 바로 그러한 사람 중

한 명이다. 나는 존과 지난 10년 동안 알고 지냈는데, 그는 순수한 마음과 담대한 인격 그리고 하나님과 좋은 관계를 유지하는 안정적인 사람이다.

노벨 헤이즈(Norvel Hayes) 박사

들어가는 말

이 책은 성령님이 교회에 하시는 말씀이다. 또한 교회에서 상처받고 교회를 떠난 사람들에게 주는 메시지이기도 하다. 어떤 교단에 속해 있든지 상관없고, 아니 교단이라는 것 자체를 싫어하는 사람에게도 주시는 말씀이다. 그리고 직업적인 목회자들과 평신도들 모두에게 주시는 말씀이다. 젊은 사람, 나이 든 사람, 오래 믿은 사람, 아니면 믿은 지 얼마 안 된 모든 사람에게 적용되는 말씀이다.

이제 21세기로 들어서면서, 우리 모두가 궁금해하는 질문들이 있다. 큰 부흥이 올 것인가? 성령을 물 붓듯이 부어 주시는 충만함으로 선지자 요엘이 미리 예언한 대로 대대적인 영혼의 추수가 있을 것인가? 사도행전의 교회와 오늘날의 교회는 어떻게 비교될 수 있을까? 예수님께서 재림하실 때에 교회는 영광스러운 모습일까, 아니면 수치스러운 모습일까? 우리는 예수님의 재림에 제대로 대비하고 있는가? 지난 수 세기 동안 부흥회를 통해서 감정적인 면만을 자극받은 것은 아닌가? 우리는 겉모양만 그럴듯하고 영적 깊이도 없는 껍데기뿐인 신앙인들은 아닌가? 우리의 영적인 열매는 어디에 있는가? '하나님의 나라'로부터 흘러나오는 경건함의 능력이라는 것은 어디에 있는가? 믿는 자들이 서로 진정으로 사랑하는 모습을 세상에 보여 주고 있는가?

선지자 요엘이 예견한 부흥은 이전의 부흥과는 질적으로 다를 것이다. 그 부흥은 세상 냄새가 물씬 풍기는 교회의 제도를 통해 이루어지지 않을 것이다. 또한 그 부흥은 차지도 뜨겁지도 않은 교회와 우상을 숭배하는 교회, 다른 교회와 협력은 하지 않고 경쟁만 하는 교회, 교회의 성장을 위해 순수성을 묵살하는 교회를 통해서도 이루어지지 않을 것이다. 세상 사람들조차도 교회의 웅장한 건물이나 번쩍이는 외형에는 관심이 없다. 세상 사람들은 교회 안에 흐르는 하나님의 영광에 의해서만 교회에 끌릴 것이다.

교회는 복음의 능력을 인간의 문제를 해결하는 값싼 해결책으로 대치했다. 목회자들은 사람들의 필요에 따라 예수를 팔아먹는 장사꾼으로 전락했다. 그래서 교회에서는 진정으로 회개하며 회심하는 일들이 없어졌다. 물론 개종자들은 있다. 그러나 과연 어떤 종류의 개종자들인가? 예수님은 그 당시의 종교 지도자들에게 다음과 같이 말씀하셨다. "화 있을진저 외식하는 서기관들과 바리새인들이여 너희는 교인 한 사람을 얻기 위하여 바다와 육지를 두루 다니다가 생기면 너희보다 배나 더 지옥 자식이 되게 하는도다"(마 23:15). 개종자들을 얻기는 쉽다. 그러나 과연 그들이 하나님 나라의 진짜 자녀들인가?

이 책은 위와 같은 주제는 물론 그 이상을 다루는 책이다. 1992년에 성령님께서는 나에게 이 책을 집필하라고 위탁하셨다. 나는 이 책을 쓰면서, 하나님께서 나에게 내려주시는 메시지가 매우 강력해서 두려워 떨었다. 사실, 그 강도가 지나치게 강력했기 때문에 도중에 집필을 중단하기도 했다. 몇 주가 지난 후에 다시 계속 써 보려고 했지만 더 이상 진도가 나가지 않았다. 기름 부음이 사라진 느낌이었다. 성령님의 임재가 없었다. 나는 기도하며 하나님의 뜻을 구했다. "주님, 저에게 이 책을 집필하라고 명령하셨으니 말씀을 내려 주시옵소서. 아무것도 흘러나오지 않습니다. 생명도 없고 기름 부음도 없습니다." 그때 주님은 이렇게 말씀하셨다. "너는 6주 전에 나의 흐름을 방해했다. 그곳으로 다시 돌아가라. 그러면 성령의 기름 부음이 넘쳐흐르리라." 이전에 다루었던 단원으로 돌아가서 글을 쓰기 시작하자 즉시 기름 부음이 내려왔다. 그래서 이 책을 단숨에 끝까지 쓸 수 있었다.

이 책의 내용 중의 일부는 미국 전역을 순회하면서 수많은 강연과 설교에서 이미 발표한 것에 기초를 두고 있다. 그러나 대부분은 집필하면서 나조차도 처음 접한 내용들이다. 이전에는 생각하지도 듣지도 보지도 못한 내용도 많다. 그러한 의미에서 나는 이 책이 성령님께 영감을 받아서 쓰인 책이라고 믿는다. 이 책의 메시지는 하나님의 마음속에서 우러나오는 하나님의 울부짖음이며, 이 마지막 때를 향하신 하나님의 진실이다. 그러므로 이 책을 절대로 가볍게 다루지 마라! 처음부터 끝까지 정독해 주기를 독자들에게 부탁드린다. 일부분만 읽어서는 책을 전체적으로 이해할 수 없을 것이다. 읽은 내용을 당신의 삶에 적용할 수 있게 해 달라고 기도하라. 그러면 주님의 재림을 예비하는 자가 될 것이다. 교회 구성원 개개인이 변화되면 교회 전체가 변하게 되어 있다. 종종 우리는 다른 사람이 변화를 받아야 한다고 생각하면서, 자신은 변하려고 하지 않는다. 이 책에 나오는 많은 내용은 말세에 하나님께서 나를 다루시려는 손길에 관한 내용을 일반적인 내용으로 변형시킨 것들이다.

하나님은 거룩하고 영광스러운 교회를 위해 재림하시지, 죄로 얼룩지고 어지러운 교회를 위해 재림하시지 않을 것이다(엡 5:27). 약속된 축복을 잃어버리지 않고, 용기를 잃지 않기 위해 반드시 기억해야 하는 비전이 있다. 하나님께서 회개하라고 하시는 이유는 변화를 받고 우리 앞에 놓인 소망을 얻게 하기 위함이다. 세례 요한의 메시지는 "회개하라 천국이 가까이 왔느니라"(마 3:2)였다. 다른 말로 하자면 "하나님의 나라가 가까이 왔으니 하나님께서 너희에게 주시려고 하는 모든 것을 얻으려면 너희가 회개하고 변해야 한다"이다. 희망을 제시하지 않고 무조건 회개만 하라고 한다면, 그것은 율법주의다. 우리가 회개하는 목적은 하나님께서 약속하신 것을 받아들이기 위해서다.

그러므로 이 책의 메시지는 심판이 아니라 하나님의 마음속에서 우러나오는 긍휼이다. 자비로우신 하나님께서는 예수님께서 이 땅에 영광 중에 오실 때를 미리 대비하여 바로 살라고 경고하신다. 그러므로 기쁨으로 주님을 맞이하려면, 지금부터 주님의 뜻이 아닌 모든 것은 삼가고, 주님이 원하시는 것만 행하는 사람들로 변화되어야 한다.

이 책을 읽는 독자들이 자신에게 말씀하시는 하나님의 음성을 듣기를 바란다. 말세에 성령님이 하시는 음성을 듣고, 성령님이 보여 주시는 것을 보며, 마음으로 깨닫게 되면 얼마나 좋을까! 또한 이 책을 통해서 하나님께서 그분의 뜻을 당신에게 알게 해 주시고, 그분 스스로를 보여 주심으로써, 당신을 부르신 그 목적이 무엇인지 알게 해 주시기를 간절히 기도드린다.

chapter 1

엘리야의 기름 부음

하나님의 심판은 인간들의 기준에 의해서가 아니라, 그분의 의로운 기준에 의해서 행해질 것이다.

> 보라 여호와의 크고 두려운 날이 이르기 전에 내가 선지자 엘리야를 너희에게 보내리니 그가 아버지의 마음을 자녀에게로 돌이키게 하고 자녀들의 마음을 그들의 아버지에게로 돌이키게 하리라 돌이키지 아니하면 두렵건대 내가 와서 저주로 그 땅을 칠까 하노라 하시니라 말 4:5-6

주의 날

크고 두려운 날인 주의 날이(즉 예수님이 재림하시는 그날이) 다가오고 있다. 아마 당신이 생각하는 것보다 이미 더 가까이 다가왔는지도 모른다. 하나님께서는 마지막이 되기 전에 엘리야와 같은 예언자를 보내신다고 하셨다. 그날은 신실하고 지혜로운 종들에게는 위대한 날이 될 것이요, 복음을 거부한 자들과 악하고 게으른 종들에게는 끔찍한 날이 될 것이다. 악한 종들은 하나님의 뜻을 알고도 행하지 않는 자들이다. 이 내용이 예수님의 비유에 나온다.

> 주께서 이르시되 지혜 있고 진실한 청지기가 되어 주인에게 그 집 종들을 맡아 때를 따라 양식을 나누어 줄 자가 누구냐 주인이 이를 때에 그 종이 그렇게 하는 것을 보면 그 종은 복이 있으리로 다 내가 참으로 너희에게 이르노니 주인이 그 모든 소유를 그에게 맡기리라 만일 그 종이 마음에 생각하기를 주인이 더디 오리라 하여 남녀 종들을 때리며 먹고 마시고 취하게 되면 생각하지 않은 날 알지 못하는 시각에 그 종의 주인이 이르러 엄히 때리고 신실하지 아니한 자의 받는 벌에 처하리니 주인의 뜻을 알고도 준비하지 아니하고 그 뜻대로 행하지 아니한 종은 많이 맞을 것이요 알지 못하고 맞을 일을 행한 종은 적게 맞으리라 무릇 많이 받은 자에게는 많이 요구할 것이요 많이 맡은 자에게는 많이 달라 할 것이니라 눅 12:42-48

크고 두려운 날인 주의 날은 예수님께서 세상을 심판하시기 위해 오시는 마지막 날이다. 하나님의 심판은 우리의 기준이 아닌, 그분의 의로우심이라는 판단 기준에 의해서 행해질 것이다. "그 날에 자고한 자는 굴복되며 교만한 자는 낮아지고 여호와께서 홀로 높임을 받으실 것이요 우상들은 온전히 없어질 것이다"(사 2:17-18). 현재는 교만한 자들의 잘난 체와 하나님에 대한 반항이 그냥 넘어가는 것처럼 보이고 때로 더 형통한 것 같을지라도, 그날은 교만한 자와 불순종하는 자들이 보복을 당하게 될 것이다.

오늘날 많은 사람이 스스로를 속인다. 자신의 욕심을 따라 살면서도 하나님 앞에서 제대로 서 있다고 착각한다. 그들의 굳어진 마음은 하나님을 경외하는 것을 잊어버린 지 오래다. "먼저 이것을 알지니 말세에 조롱하는 자들이 와서 자기의 정욕을 따라 행하며 조롱하여 이르되 주께서 강림하신다는 약속이 어디 있느냐 조상들이 잔 후로부터 만물이 처음 창조될 때와 같이 그냥 있다 하니"(벧후 3:3-4). 이들은 하나님의 뜻을 따르는 자들이 아니고 자신의 뜻과 갈망을 따르는 자들이다. 어떤 행동은 기독교의 이름으로 행하지만, 그들의 기준은 예수님이 아니다. 사실 그들의 기준은 다른 사람들이다. 그들이 가장 신경 쓰는 일은 이 사회에서 받아들여질지의 여부다. 그들은 다음과 같은 논리를 편다. "왜 나만 거룩한 삶을 살아야 하는가? 교회에 다니는 많은 사탐이 경건하게 살지 않는데도, 그들은 심판을 당하지 않는다. 오히려 그들이 더 성공을 거두고 있지 않은가? 내가 일부러 무거운 짐을 지고 살아갈 필요가 있을까?"

그렇지만 주님은 결국은 일어나셔서 심판하시며, 다음과 같이 말씀하실 것이다. "내가 오랫동안 조용하며 잠잠하고 참았으나 내가 해산하는 여인 같이 부르짖으리니 숨이 차서 심히 헐떡일 것이라 내가 산들과 언덕들을 황폐하게 하며 그 모든 초목들을 마르게 하며 강들이 섬이 되게 하며 못들을 마르게 할 것이며"(사 42:14-15). 하나님께서는 오랫동안 잠잠하며 참아 오셨다. 그렇게 참으신 이유는 인간에게 구원받을 수 있는 기회를 주기 위함이다. 주님이 오실 때 많은 사람이 회개하며 구원의 길로 들어올 것이다. 물론 또한 많은 사람이 마음을 더욱 굳게 하여 하나님의 부르심을 거절할 것이다. 마음이 굳어진 사람들에게는 주님의 재림이 도둑처럼 갑자기 들이닥치는 사건이 될 것이다.

> 주의 날이 밤에 도둑 같이 이를 줄을 너희 자신이 자세히 알기 때문이라 그들이 평안하다 안전하다 할 그 때에 임신한 여자에게 해산의 고통이 이름과 같이 멸망이 갑자기 그들에게 이르리니 결코 피하지 못하리라 살전 5:2-3

주의 날은 구약에서 롯이 겪은 날과 같이 임할 것이다. 소돔과 고모라는 먹고사는 것이 풍족하고 부족함이 없었던 도시였다. 어떤 급작스러운 심판이나 저주가 임하리라는 징조도 없었다. 조상의 때나 현재나 별다를 것 없이 살아가고 있었다. 마지막 날은 "또 롯의 때와 같으리니 사람들이 먹고 마시고 사고 팔고 심고 집을 짓더니"(눅 17:28)라는 말씀과도 같다. 그러나 재앙은 그들에게 갑자기 닥쳤다. 그들은 하나님께서 그들의 마음 상태와 삐뚤어진 삶의 방식을 잘 알지 못하리라고 믿었음이 틀림없다.

심지어는 롯조차도 임박한 심판을 감지하지 못했다. 롯은 아마도 육적인 욕심에 사로잡힌 기독교인의 대표라고 할 수도 있다. 그가 거주했던 곳(소돔과 고모라는 타락한 도시다)을 보면 이를 짐작할 수 있다. 거룩하지 못한 아내와 두 딸과의 근친상간으로 얻은 모압과 암몬이라는 자녀들을 보아도 그렇다(창 19:30-38). 아브라함은 구별된 삶을 산 사람이다. 반면에 롯은 구별되고 거룩한 삶을 살지 못한 사람이다. 불경한 삶은 점차로 롯의 인생에 영향을 미쳤고, 결국 그 자신과 가족에게 불행의 열매를 맺게 했다. 그들의 삶의 기준은 더 이상 하나님이 아니었기에, 주변 사회의 풍조가 그들을 지배하게 되었다. 롯은 그래서 고통을 당하게 되었다. "무법한 자들의 음란한 행실로 말미암아 고통당하는 의로운 롯을 건지셨으니 (이는 이 의인이 그들 중에 거하여 날마다 저 불법한 행실을 보고 들음으로 그 의로운 심령이 상함이라)"(벧후 2:7-8). 하나님의 사자의 경고가 없었다면, 진노의 날은 롯에게 마치 도둑이 오는 것같이 급작스럽게 들이닥쳤을 것이다. 그러나 심판의 경고에도 불구하고, 롯의 아내는 뒤를 돌아보는 것을 선택했다. 그녀는 세상에 너무 영향을 많이 받아서 하나님을 두려워하지 않았다. 바로 그러한 의미에서 예수님께서는 "롯의 처를 기억하라 무릇 자기 목숨을 보전하고자 하는 자는 잃을 것이요 잃는 자는 살리리라"고 경고하셨다(눅 17:32-33).

엘리야가 먼저 와야 하리라

무시무시한 마지막 날이 오기 전에, 주께서는 선지자 엘리야 같은 사람을 보내시겠다고 약속하셨다. 물론 열왕기서에 나오는 그 엘리야가 다시 살아서 온다는 말은 아니다. 즉 과거 역사의 사람에 관한 언급이 아니다. 또한 사람을 지칭하는 것만도 아니다. '엘리야'의 히브리어 뜻을 알면 이해하기 쉬울 것이다. 엘리야는 히브리어의 '엘'과 '야흐'라는 두 단어가 합쳐진 합성어다. '엘'은 '전능한, 능력이 끝없는'이라는 뜻이고, '야흐'는 유일신인 여호와 하나님을 지칭한다. 따라서 엘리야는 '유일하신 하나님의 전능성'을 의미한다. 그러므로 말라기의 예언은 마지막 때에 주의 날이 이르기 전에, 하나님께서 그분의 전능함으로 기름을 부으시거나 예언자적인 인물을 보내시리라는 뜻이다.

예수님이 태어나시기 전에 천사 가브리엘은 세례 요한의 아버지인 사가랴에게 나타나서 다음과 같은 소식을 전했다.

> 이스라엘 자손을 주 곧 그들의 하나님께로 많이 돌아오게 하겠음이라 그가 또 엘리야의 심령과 능력으로 주 앞에 먼저 와서 아버지의 마음을 자식에게 거스르는 자를 의인의 슬기에 돌아오게 하고 주를 위하여 세운 백성을 준비하리라 눅 1:16-17

세례 요한은 예수님의 초림이 있기 전에, 이 세상에 보내진 엘리야다. 그는 "광야에 외치는 자의 소리가 있어 이르되 너희는 주의 길을 준비하라 그의 오실 길을 곧게 하라 기록된" 사람이었다(막 1:3). 그의 사역은 이스라엘에 거주하는 하나님의 자녀들의 마음을 하나님께로 되돌리는 것이었다. 그래서 그는 "회개하라 천국이 가까이 왔느니라"(마 3:2)라는 메시지를 전했다. 회개란 행동의 변화 뿐 아니라 마음의 변화도 의미한다. 이스라엘 백성은 겉으로는 매우 종교적이었으나, 사실 그들의 마음은 하나님에게서 멀리 떨어져 있었다. 자신들의 마음 상태를 알지 못한 채, 수천 명이나 되는 사람이 정기적으로 회당에 모였다. 그래서 하나님은 그들의 진정한 마음 상태를 폭로하시려고 세례 요한을 보내신 것이다. 세례 요한은 수많은 사람에게 다음과 같이 외쳤다. "…독사의 자식들아 누가 너희에게 일러 장차 올 진노를 피하라 하더냐 그러므로 회개에 합당한 열매를 맺고 속으로 아브라함이 우리 조상이라 말하지 말라 내가 너희에게 이르노니 하나님이 능히 이 돌들로도 아브라함의 자손이 되게 하시리라"(눅 3:7-8).

세례 요한은 사람들이 마음속으로 의지하고 있는 것들을 폭로했다. 그들은 자신들이 아브라함의 자손이라는 것 때문에 구원받을 줄로 믿고 있었다. 그들은 정기적으로 회당에 가고 십일조를 드리는 것으로 의롭다 함을 받을 줄로 착각하고 있었다. 세례 요한은 하나님을 모르는 이방인들에게 보내진 예언자가 아니다. 요한은 이스라엘의 잃어버린 자들을 일깨워 그들이 예수님을 맞을 준비를 하도록 보내진 자다.

세례 요한은 예수님의 초림을 대비한 엘리야로서의 역할을 충실히 감당했다. 그러나 말라기는 크고 두려운 날이 오기 전에 엘리야의 기름 부음이 있을 것이라고 예언했다. 즉 말라기 예언의 성취는 두 번 이루어진다는 뜻이다. 마태복음 17장을 살펴보자.

> 엿새 후에 예수께서 베드로와 야고보와 그 형제 요한을 데리시고 따로 높은 산에 올라가셨더니 그들 앞에서 변형되사 그 얼굴이 해 같이 빛나며 옷이 빛과 같이 희어졌더라 때에 모세와 엘리야가 예수로 더불어 말씀하시는 것이 저희에게 보이거늘 마 17:1-3

예수님의 얼굴이 해처럼 빛나며 그분의 옷이 빛과 같이 희어졌을 때 모세와 엘리야가 예수님과 더불어 말씀하신 것은 의미심장한 사건이다. 왜냐하면 예수님은 크고 두려운 날에 재림하셔서 그분의 영광스러운 몸으로 지상에서 1000년간 다스리실 때, 예수님은 성도들과 함께 다스리실 것이기 때문이다. 계속 성경을 읽어 보라.

> 그들이 산에서 내려올 때에 예수께서 명하여 이르시되 인자가 죽은 자 가운데서 살아나기 전에는 본 것을 아무에게도 이르지 말라 하시니 제자들이 물어 이르되 그러면 어찌하여 서기관들이 엘리야가 먼저 와야 하리라 하나이까 예수께서 대답하여 이르시되 엘리야가 과연 먼저 와서 모든 일을 회복하리라 내가 너희에게 말하노니 엘리야가 이미 왔으되 사람들이 알지 못하고 임의로 대우하였도다 인자도 이와 같이 그들에게 고난을 받으리라 하시니 그제서야 제자들이 예수께서 말씀하신 것이 세례 요한인 줄을 깨달으니라 마 17:9-13

예수님은 세례 요한이 참수당한 후에 이 말씀을 하셨다. 예수님께서 엘리야의 기름 부음에 대해 다른 두 시간대인 미래("먼저 와서 회복하리라")와 과거("이미 왔으되")를 언급하고 계심에 주목하라. 그러므로 주님의 초림과 같이, 주님의 재림의 때에도 엘리야는 또 한 번 올 것이다. 그러나 이때에 엘리야의 역할은 한 사람이 아닌 집단으로 임할 것이다. 즉 그리스도의 몸에 속한 많은 사람에게 이 기름 부음이 임한다는 것이다. 그러한 남녀 종들에 관해서 베드로는 다음과 같이 예언했다.

> 하나님이 말씀하시기를 말세에 내가 내 영을 모든 육체에 부어 주리니 너희의 자녀들은 예언할 것이요 너희의 젊은이들은 환상을 보고 너희의 늙은이들은 꿈을 꾸리라 그 때에 내가 내 영을 내 남종과 여종들에게 부어 주리니 그들이 예언할 것이요 또 내가 위로 하늘에서는 기사를 아래로 땅에서는 징조를 베풀리니 곧 피와 불과 연기로다 주의 크고 영화로운 날이 이르기 전에 해가 변하여 어두워지고 달이 변하여 피가 되리라 행 2:17-20

"예언"의 헬라어 뜻은 '하나님께 영감을 받아서 말하는 것'이다. 하나님의 말씀을 전하는 이 기름 부음은 예언자들뿐만 아니라 목사와 교사, 전도자와 사도에게도 임할 것이다. 하나님을 온전히 따르는 기독교 사역자들, 그리고 사람들이나 어떤 조직의 위협에도 굴하지 않는 사역에도 임할 것이다. 사람을 두려워하지 않고 하나님만 경외하는 남은 자들에게 이 예언의 기름 부음이 흘러넘칠 것이다. 적당주의에 넘어가지 않고 타협하지 않으면서 주님의 재림을 준비하는 남은 자들에게 하나님은 예언의 기름 부음을 내려 주실 것이다. 전임 사역을 하지 않는 젊은이들도 이 기름 부음 안으로 들어올 것이다.

세례 요한처럼 예수님의 재림 전에 오는 엘리야도 교회 구조 안에서 잃어버린 자들과 속임을 당한 양들을 건져낼 것이다. 그리고 교회를 다니다가 '시험에 들어' 교회를 나가버린 자들도 찾아 낼 것이다. 교회 안에는 자신들이 예수님의 재림에 준비된 자라고 착각하는 신자들이 수두룩하다. 그들은 세례 요한의 시대와 같이 자신들의 선행, 봉사, 교회 출석, 헌금을 내세운다. 자신들이 적어도 과거에 한 번은 죄를 용서해 달라는 회개 기도를 드렸다는 사실에 만족한다. 그들은 스스로 의롭다고 생각하지만, 사실 이들은 예수님의 재림에 준비되지 않았다.

수많은 사역자가 하나님의 기준에 미달되어 있다. 그들의 개인적인 삶은 쾌락과 이득의 추구로 물들어 있다. 자신과 자기의 목적을 위해 사역을 이용한다. 교회에서는 거룩한 척하지만, 가정을 파괴하는 신자도 많다. 그들은 위선자들이다. 영적 지도자들조차 하나님의 영적인 기준에 미달된 사람도 많다. 한때는 떠오르는 것 같았지만, 시간이 지나면서 사그라지는 목회자도 많다. 그들은 세례 요한의 시대에 살던 서기관이나 바리새인들처럼 교단의 배경과 자신의 신학적인 훈련 그리고 교회에서의 봉사와 목회 경험을 들먹이면서 하나님 앞에 당당하게 서 있는다. 어쩌면 교인이 많은 교회를 담임하는 목사이기에 하나님도 자신을 인정해 주실 것이라고 믿고 있는 듯하다. 바리새인들도 사실 세상적인 존경을 받고 따르는 무리를 많이 거느린 자들이었다. 그러나 세례 요한의 때부터 진실은 밝혀지기 시작했다. 그래서 하나님께서 자신의 입술을 주장하시도록 내어드린 세례 요한의 메시지를 들으려고 바리새인들까지 광야로 나아간 것이다.

그렇다. 스스로 교만해지고 높아진 사역자들에게 주의 날이 임할 것이다. 사실 그날은 이 사역자들에게 먼저 임할 것이다. 그들의 사생활이 바뀌고 사역의 동기가 바뀔 것이다. 주의 종들이여, 지금 당신의 마음을 살피라. 주님의 마지막 심판을 예비하라. 하나님이 당신을 부르신 그 부르심을 완성시키기 바란다.

이 책의 내용은 강력하다. 그러나 생명을 살려내고자 하는 것이 그 주목적이다. 나는 사역을 죽이고자 이 책을 쓴 것이 아니라 사역에 생명의 활기를 불어넣고 싶어서 이 책을 저술했다. 물론 파괴하고자 하는 목적이 아주 없는 것은 아니다. 교회의 활동 중에서 썩었거나 육적인 것에 의해 세워진 것들을 뽑아내고자 하는 의도도 있다. 그러나 반드시 기억해야 할 점은 하나님은 세우시는 분이라는 점이다. 하나님께서 무너뜨리고 뿌리째 뽑아 버리고 파괴시키실 때는 새롭고 신선한 것을 심거나 건립하기 위한 목적이 반드시 있으시다. 그러므로 이 책의 내용은 하나님의 자비와 사랑의 메시지다. 하나님께서 우리에게 경고를 주시는 이유는 롯의 아내처럼 심판을 받지 않게 하려 하심이다.

chapter 2

예언 사역

만약 내가 다른 사람에게

무언가 바라는 것이 있다면, 그 사람은 나를 조종하고, 통제하며, 지배할 것이다.

> 그 때에 세례 요한이 이르러 유대 광야에서 전파하여 말하되 회개하라 천국이 가까이 왔느니라 하였으니 그는 선지자 이사야를 통하여 말씀하신 자라 일렀으되 광야에 외치는 자의 소리가 있어 이르되 너희는 주의 길을 준비하라 그가 오실 길을 곧게 하라 하였느니라 마 3:1-3

예언적인 기름 부음

세례 요한은 교사가 아니고 설교자였다. 더 정확하게 말하자면, 그는 하나님이 말씀하시는 것을 선포하는 사람이었다. 성경에 세례 요한이 교사처럼 가르쳤다는 기록은 없다. 말세에 엘리야의 기름 부음 안에서 행하는 사람의 특징이 바로 이것이다. 성령의 기름 부음으로 일하는 사람은 하나님의 말씀을 선포한다. 그들은 첫째, 둘째, 셋째 하면서 설교를 하는 사람들이 아니다. 예언이란 신적인 감동으로 앞서 말하는 것이다. 다른 말로 하자면, '대변인' 같은 것이다. 하나님은 모세에게 아론에 대하여 다음과 같이 말씀하셨다. "너는 그에게 말하고 그의 입에 할 말을 주라 내가 네 입과 그의 입에 함께 있어서 너희들이 행할 일을 가르치리라 그가 너를 대신하여 백성에게 말할 것이니 그는 네 입을 대신할 것이요 너는 그에게 하나님 같이 되리라"(출 4:15-16). 즉 아론은 모세가 가르쳐 준 것만 말한다는 뜻이다. 그러나 모세가 한 말을 앵무새같이 반복한다는 의미는 아니다. 아론은 모세가 하려는 말을 대변한다. 아론은 모세의 입인 것이다. 그래서 하나님은 "…볼지어다 내가 너를 바로에게 신 같이 되게 하였은즉 네 형 아론은 네 대언자가 되리니"(출 7:1)라고 말씀하셨다. 모세는 메시지를 소유한 사람이었고, 아론은 그것을 전달하는 사람이었다. 그래서 아론은 모세의 대언자(대변자) 또는 예언자라고 불렸다.

가르침은 이미 기존에 형성된 이론에 기반을 둔다. 교회 안에서도 가르침은 이미 선포된 말씀에 밑바탕을 둔다. 그러나 예언은 신탁같이 하늘에서 떨어진다. 예언하는 사람 중에 이미 정해진 원고를 가지고 설교하는 사람은 없다. 그냥 입만 열면 하나님이 그 입에 말씀을 넣어 주신다. 그러면 하나님의 대변자가 되는 것이다.

오늘날 이미 기록된 말씀을 중심으로 강해하는 사람은 많다. 그들은 하나님에 관해서 가르친다. 그러나 하나님께서는 기록된 것을 그저 반복하는 것 이상을 말하는 자들을 일으키실 것이다. 그들은 성령의 영감을 받아서 메시지를 전하게 될 것이다. 그들은 예언적으로 신적인 영감을 받아서 가르칠 것이다.

예언자들은 있는 것을 그대로 유지시키는 자들이 아니다. 예언자는 변화를 촉구한다. 그들은 사람들의 마음을 하나님께로 되돌릴 것이다. 그들의 메시지는 부드럽지 않기에 마음을 찌르고 가슴을 아프게 하겠지만, 죄에 대한 강렬한 지적은 변화를 가능케 하는 통회를 가져올 것이다. 마치 바위를 때리는 쇠망치같이 심령을 깨부술 것이다. 그들은 하나님의 권위로 명령하고, 고쳐 주고, 꾸짖고, 권면하고, 요구할 것이다. 그러나 그들 다음의 중심은 오직 하나님의 사랑으로 불붙어 있을 것이다. 오늘날 예언자라 자칭하는 자들처럼 비난, 비판, 정죄, 판단, 의심을 일삼지는 않을 것이다.

오늘날 많은 예언자는 예언할 때 지혜나 지식의 말과 이상하고 특이한 행동을 해야 한다고 생각한다. 그러나 "하나님이 영으로 나에게 주신 계시의 말씀입니다"라고 드러내놓고 말하지 않는 경우에도 예언의 말씀은 선포된다. 일부러 그리고 억지로 자신의 권위를 내세울 필요가 없는 사람 중에 진짜 예언자들이 있다. 그렇기에 보통 사람들은 진짜 예언자를 잘 식별하지 못한다.

세례 요한은 "주님이 이렇게 말씀하셨습니다"라고 하지 않았다. 오늘날 세례 요한을 부흥사였지 예언자(선지자)는 아니었다고 평가하는 사람도 있다. 요한의 설교를 듣고 사람들이 회개는 많이 했지만, 개인적인 예언을 한 경우가 별로 없다는 것이다. 그러나 예언적인 임무를 인간이 생각하는 어떤 틀 속에 가둘 수는 없다. 말세에 엘리야 선지자를 통해 주시는 하나님의 메시지를 들으려면, 우리는 선입관을 깨버려야 한다.

"신약의 예언이라는 것은 덕을 세우고, 권면하고, 교회를 세우며, 위로해 주려는 데 목적이 있는 게 아닙니까?"라고 반문하는 사람들도 있다. 바로 이것이 세례 요한의 사역이었다. 세례 요한의 음성을 다시 한 번 주의 깊게 들어 보라.

요한이 세례 받으러 나아오는 무리에게 이르되 독사의 자식들아 누가 너희에게 일러 장차 올 진노를 피하라 하더냐 그러므로 회개에 합당한 열매를 맺고 속으로 아브라함이 우리 조상이라 말하지 말라 내가 너희에게 이르노니 하나님이 능히 이 돌들로도 아브라함의 자손이 되게 하시리라 이미 도끼가 나무뿌리에 놓였으니 좋은 열매 맺지 아니하는 나무마다 찍혀 불에 던져지리라 무리가 물어 이르되 그러면 우리가 무엇을 하리이까 대답하여 이르되 옷 두 벌 있는 자는 옷 없는 자에게 나눠 줄 것이요 먹을 것이 있는 자도 그렇게 할 것이니라 하고 세리들도 세례를 받고자 하여 와서 이르되 선생이여 우리는 무엇을 하리이까 하매 이르되 부과된 것 외에는 거두지 말라 하고 군인들도 물어 이르되 우리는 무엇을 하리이까 하매 이르되 사람에게서 강탈하지 말며 거짓으로 고발하지 말고 받는 급료를 족한 줄로 알라 하니라 백성들이 바라고 기다리므로 모든 사람들이 요한을 혹 그리스도신가 심중에 생각하니 요한이 모든 사람에게 대답하여 이르되 나는 물로 너희에게 세례를 베풀거니와 나보다 능력이 많으신 이가 오시나

> 니 나는 그의 신발끈을 풀기도 감당하지 못하겠노라 그는 성령과 불로 너희에게 세례를 베푸실 것이요 손에 키를 들고 자기의 타작마당을 정하게 하사 알곡은 모아 곳간에 들이고 쭉정이는 꺼지지 않는 불에 태우시리라 또 그밖에 여러 가지로 권하여 백성에게 좋은 소식을 전하였으나 눅 3:7-18

하나님께서 세례 요한을 부르신 뜻은 권면하는 말을 하도록 하기 위함이다. 그러나 요한은 그의 메시지를 "독사의 자식들"이라는 신랄한 말과 회개하지 않으면 심판을 받아 멸망하리라는 경고로 시작한다. 그러므로 권면, 위로, 덕을 세움의 뜻을 우리 마음대로 해석해서는 안 된다. 우리를 해방시키는 것은 오직 진리뿐이다.

더 확인해 보고 싶다면, 요한계시록 2장과 3장에 나오는 아시아의 일곱 교회에 예수님이 하신 말씀을 읽어 보라. 그러면 얼마나 많은 경고와 책망의 말이 그 안에 들어 있는지 발견할 수 있을 것이다. 주님은 어떤 교회에 이렇게 말씀하셨다. 만약에 회개하지 않으면 토해내 버리겠다고! 오늘날 얼마나 많은 사람이 이 말씀을 권면이나 덕, 위로의 말씀으로 여기겠는가?

아시아의 일곱 교회에 예수님께서 말씀하실 때에 항상 "교회의 사자에게 편지하기를"이라는 말로 시작하시는 것을 볼 수 있다. "사자"라는 말의 헬라어는 '앙겔로스'다. 그 뜻은 '메신저, 배달부, 심부름꾼'이다. 마가복음 1장 2절에서 세례 요한의 사역을 지칭하는 말로 쓰인 단어와 동일하다. "선지자 이사야의 글에 보라 내가 내 사자를 네 앞에 보내노니 그가 네 길을 준비하리라." 그러므로 아시아의 일곱 교회에 예수님의 예언의 계시를 전달한 사람은 엘리야 선지자들이다. 그들은 귀에 듣기 좋은 소식을 전하는 자가 아니라 교회를 바로 세우기 위해 회개하라는 메시지를 전하는 자들이었다.

한 가지 중요한 점을 지적하자면 어느 시대를 막론하고 예언자들의 예언은 성경에 기록된 말씀과 상반되지 않았다는 것이다. 모든 예언은 성경과 일맥상통하게 되어 있다. 하나님께서 누구도 성경에 기록된 것은 더하거나 뺄 수 없다고 말씀하셨기 때문이다.

훈련소

요한은 어디에서 말씀을 전했는가? 바로 광야다. 그러므로 엘리야 선지자들을 훈련시키는 장소는 광야이거나 거친 곳이 될 것이다. 누가복음 1장 80절에 "아이가 자라며 심령이 강하여지며 이스라엘에게 나타나는 날까지 빈 들에 있으니라"는 말씀이 나온다. 세례 요한은 빈 들에 머물면서 심령이 강해졌다. 황실도, 신학교도, 성경 학교도, 회당도 아니었다. 그곳은 사막이었다. 이는 엘리야 사역을 위한 훈련이 아주 어렵고 힘들다는 것을 암시한다. 마치 공수부대의 특수 훈련을 연상케 한다. 왜 공수부대 대원들은 더 강한 훈련을 받는가? 그들이 투입되는 전투 장소가 다른 곳에 비해 훨씬 어려운 곳이기 때문이다.

광야에서 세례 요한은 모든 것을 공급해 주시는 분이 사람이나 기관이 아닌 하나님이라는 점을 배웠다. 세례 요한은 교회나 교단에 의해서 지원을 받은 사람이 아니다. 기도 편지를 돌리거나 부자 사업가의 지원을 받은 사람도 물론 아니다. 하나님의 축복을 나누어 주면서 은근히 헌금을 강요한 사람도 아니다. 그의 동기는 취하려는 것이 아니라 베풀려는 것에 있었다.

그는 주변의 유력한 사람들에게 지원을 요청하는 편지를 쓴 적도 없고, 자기를 불러 달라고 간청한 적도 없다. 큰 회당을 순회하며 집회를 함으로써 명성을 획득하고 재정적인 이득을 본 사람도 아니다. 부자들을 부드러운 말로 설득해서 사역을 위한 돈을 뜯어낸 적도 없다. 세례 요한의 모든 필요는 하나님에 의해 충족되었다.

그 빈 들에서 필요한 모든 것을 공급해 주시는 분은 하나님이심을 배웠다. 어떤 재력가나 재단이 그를 돌보아 준 적이 없다. 그렇기 때문에 세례 요한은 아무런 두려움이나 거리낌 없이 하나님의 진리를 선포할 수 있었다. 오늘날 너무나도 많은 목회자가 교인들이 자신의 설교를 싫어할까 봐 신경을 곤두세운다. 오늘날 목회자를 조종하는 것은 당회(내지는 이사회)이지 성령님이 아니다. 거절당할 것에 대한 두려움이 그들을 지배한다. 그러므로 강단에 선 현대의 많은 목회자는 당회(이사회)에 의해서 움직이는 꼭두각시들이다.

내가 당신에게 무언가(예를 들면 돈, 친구 관계, 인정받기, 용납, 인기, 직위)를 절실히 원할 때, 내가 그것을 얻지 않으면 안 된다는 것을 당신이 안다면, 당신은 나를 조종하고, 가지고 놀며, 지배할 수 있다. 필요한 것의 공급원이 사람이라면, 그 사람이 나의 공급을 중단해 버릴 수도 있다. 그러면 그 사람 앞에서는 무서워서 말도 못하고 숨도 제대로 쉬지 못하는 경우가 발생한다. 이는 '사람을 두려워하는' 것이다. 성도는 하나님과 사람을 동시에 두려워할 수 없다. 하나를 두려워하면 다른 하나는 두려워할 수 없기 때문이다. 오늘날 수많은 설교와 가르침 속에 감동이나 생명이 없는 이유는 그것이 사람을 두려워하는 것에서 비롯되었기 때문이다. 그러나 성경은 전혀 다른 것을 말한다. "여호와를 경외함이 지혜의 근본이라 그의 계명을 지키는 자는 다 훌륭한 지각을 가진 자이니 여호와를 찬양함이 영원히 계속되리로다"(시 111:10), "사람을 두려워하면 올무에 걸리게 되거니와 여호와를 의지하는 자는 안전하리라"(잠 29:25). 목회자가 하나님을 두려워하면 그는 하나님의 지혜로 움직일 것이다. 그러면 그가 전하는 말씀이나 행함에 자유와 생명이 있을 것이다. 그러나 반대로 목회자가 사람을 두려워하면 그것이 올무(동물을 사냥하는 덫)가 된다. 하루는 내가 주님께 사람을 두려워하는 것이 무슨 뜻이냐고 여쭈어 보았다. 그랬더니 성령님은 "사람을 두려워하는 것은 사람들에게 버림을 받을까 봐 두려워하면서, 하나님께 버림받을 것은 두려워하지 않는 것이다"라고 가르쳐 주셨다. 거절당하는 것을 두려워하는 것이 덫이다. 목회자뿐만 아니라 성도들도 덫에 걸린다. 성도 중에 얼마나 많은 사람이 다른 사람들에게 좋은 평판을 받으려고 발버둥치는가! 세례 요한은 사람들에게서 아무것도 바라지 않았다. 그는 사람들에게서 얻어내려는 것이 아무것도 없었기에 하나님의 말씀을 담대히 전할 수 있었다. 사람들이 그의 메시지를 거부하거나 수용하거나 상관없이, 그저 하나님의 말씀만 전했다.

세례 요한은 하나님의 말씀 듣는 법을 광야에서 배웠다. 그는 다른 사람에게서 배운 것을 반복하는 사람이 아니었다. 그는 설교 준비를 하려고 책을 읽은 것도 아니었다. 새로운 말씀을 전해 보려고 몇 시간을 연구하는 사람도 아니었다. 그는 설교학 강의를 들은 적도 없고 설교 준비하는 법을 배워 본 적도 없었다. 그러나 세례 요한은 주님에게서 직접 기름 부음을 받았다. 그것은 거룩한 분으로부터 온 기름 부음이었다. 세례 요한은 오직 하나님만을 추구했고, 하나님은 요한에게 자신을 나타내 보여 주셨다. 세례 요한은 "너희가 온 마음으로 나를 구하면 나를 찾을 것이요 나를 만나리라"(렘 29:13)는 말씀을 알았던 사람이다.

한때 나는 달라스에 있는 대형 교회에서 4년 반 동안 초청 목회자들을 모시는 일을 했었다. 그런데 내가 만나는 목회자마다 나에게 조언을 해 주었다. 어떤 목회자는 사람을 잘 사귀고 그들에게 영향력을 끼치는 법에 관한 책을 읽어 보라고 추천했고, 다른 목회자는 성공하기 위해 옷을 잘 입는 법에 대한 책을 사 보라고 했다. 짙은 색 정장에 눈에 띄는 넥타이를 매고 다녀야 하며 소매가 짧은 옷은 절대로 입지 말라고도 했다. 또 다른 목회자는 "기회를 잘 포착해야 한다"라고 조언해 주었다. 수많은 목사가 모이는 집회나 세

미나에 가서 그들을 사귀고, 명함을 나누어 주며, 언제든지 불러만 주면 설교할 수 있다는 것을 그들에게 알리라고 했다. 어떤 목회자는 "교인들에게 항상 긍정적인 말만 하세요. 부정적인 말은 하지 마세요"라고 조언했다. 지금도 신학교나 성경 학교에서 선배 목회자에게 이러한 조언을 많이 들을 거라고 나는 생각한다.

그러나 이들은 세례 요한의 사역은 염두에 두지 않은 것 같다. "적당한 기회를 포착하라"는 조언은 세례 요한의 사역과는 전혀 어울리지 않는다. 세례 요한은 광야에서 진행하는 선지자 학교에 대해 기독교 신문에 광고하지 않았다. "예언 집회에 한 번만 참석해 보십시오. 그러면 예언을 잘하게 될 것입니다"라는 식의 광고도 한 적이 없다. 그러나 성경에 의하면 하나님의 말씀이 광야에 있는 그에게 내리꽂혔다고 한다. 그래서 사람들이 구름 떼같이 몰려들기 시작했다. "이 때 예루살렘과 온 유대와 요단강 사방에서 다 그에게 나아와"(마 3:5). 도대체 무엇이 그 많은 무리를 광야로 나아가게 했을까?

"교인들에게 설교할 때는 항상 긍정적인 말만 하라"는 조언은 어떠한가? 누가복음에 의하면 세례 요한의 입에서 나온 첫마디는 욕이었다. 그는 "독사의 자식들아!"라고 말했다. 그의 설교는 그렇게 시작되었다. 목회자가 강단에 올라서자마자 청중을 향해 "여기에 모인 이 뱀 같은 자들아!"라는 말로 설교를 했을 때, 청중의 반응이 어떨지 한 번 상상해 보라. 세례 요한의 방법은 친구를 사귀고 그들을 이용해서 비즈니스를 하려는 현대 목회의 방법과는 전혀 다르다.

　현대의 목회자들은 그럴싸하게 보이는 비싼 옷들을 입고 다닌다. 세례 요한이 악어가죽으로 만든 신발을 신고 이태리제 양복을 입고 설교를 하였을까? 아니다. 아마도 다 낡아 떨어진 낙타가죽을 걸치고 있었을 것이다. 신발은 신지도 않았고 입에서는 냄새를 풍기고 있었을지도 모른다. 열정적으로 설교를 할 때는 가까이 있던 사람들에게 침을 튀기며 설교했을 수도 있다.

　예수님은 세례 요한에 대해서 이렇게 말씀하셨다. "그들이 떠나매 예수께서 무리에게 요한에 대하여 말씀하시되 너희가 무엇을 보려고 광야에 나갔더냐 바람에 흔들리는 갈대냐 그러면 너희가 무엇을 보려고 나갔더냐 부드러운 옷 입은 사람이냐 부드러운 옷을 입은 사람들은 왕궁에 있느니라 그러면 너희가 어찌하여 나갔더냐 선지자를 보기 위함이었더냐 옳다 내가 너희에게 이르노니 선지자보다 더 나은 자니라 기록된바 보라 내가 내 사자를 네 앞에 보내노니 그가 네 길을 네 앞에 준비하리라 하신 것이 이 사람에 대한 말씀이니라"(마 11:7-10).

　어떤 가난한 나라의 사람들은 십리 길을 걸어 교회당으로 가서 불편한 의자에 앉아 하나님의 말씀을 들으면서도 기쁨으로 말씀을 받는다. 그러나 오늘날 미국의 신자들은 아무런 생명력도 없는 설교나 가르침을 듣고 있다. 성령의 감화 감동이 없는 설교를 하도 들어서 이제는 귀도 지쳤다. 마음을 찌르고 심령과 골수를 쪼개는 말씀이 아닌, 삶을 변화시키는 역사도 일어나지 않는 설교를 듣고 있다.

최근에 나는 캘리포니아에 있는 교회로 주일 저녁 예배 설교를 하러 간 적이 있다. 오전 예배에 참석하려고 일부러 그 교회에 일찍 도착했다. 그 교회 목사는 정성스럽게 잘 준비된 원고를 가지고 있었으나, 원고에 얽매이지 않았다. 설교에는 생동감이 있었다. 그 목사는 설교자라기보다 교사에 가까웠지만, 하나님의 영이 그를 통해 말씀하고 계셨다. 설교는 예언적으로 가르치는 설교로 종종 하나님의 신탁을 전했다. 참으로 놀라운 예배였다. 다음 날 나는 주님께 왜 모든 목사가 이러한 감화와 생명이 있는 설교를 할 수 없는지 여쭈어 보았다. "존, 내가 설교자로 부른 모든 목회자는 성령 충만한 능력의 설교를 할 수 있단다. 그러나 문제는 자신들이 미리 준비한 설교 원고나 메모로 나를 제한하는 것에 있단다. 그들은 내가 그들의 입술을 통해 말할 수 있다는 사실을 믿지 않지." 많은 설교자가 하나님의 도구로 사용되지 않고 그들 나름대로의 생각을 전하면서 하나님을 제한한다. 매 순간 주님 앞에 엎드려 하나님께서 나를 통해 말씀하시기를, 그분의 성품을 더욱더 드러내시기를 간절히 원해야 한다.

많은 사람이 하나님을 제한한다. 하나님을 자신들이 만든 상자 속에 가두어 버린다. 많은 지성인이 하나님을 자신의 지식 체계 속으로 밀어 넣으려고 한다. 하지만 우리는 성령님을 우리의 이해 속에서 제한할 수가 없다. 성령님은 우리의 기분에 따라서 움직이시는 분이 아니다. 하나님을 인간의 이해의 한계에 가두어 두려는 노력은 마치 바람을 새장 속에 가두어 두려는 것과 같다. 하나님은 바람 같은 분이시다. 하나님을 가두어 두는 것은 불가능하다. 우리가 할 수 있는 일은 그분께서 행하시도록 우리 자신을 내어드리는 것뿐이다.

교인들의 귀를 간지럽히는 이상의 말씀을 전할 설교자들이 필요하다. 교인들이 듣고 싶어 하는 말을 전하는 것이 아니라, 그들이 들어야만 하는 말을 전하는 그런 설교자가 절실히 필요하다. 사람이나 교회가 아니라, 하나님이 공급처인 것을 깨달은 교역자들이 필요하다. 오늘날 미국에서는 많은 목회자가 교인들에게서 원하는 반응을 이끌어내기 위해 어떻게 해야 하는지 잘 안다. 그들의 목적은 교인들을 흥분시켜서 더 많은 헌금을 내고 더 많은 사람을 데려오게 하려는 것이다.

반면에 성도들의 죄를 지적하면서 회개하도록 경고하고 권면하는 설교는 거의 하지 않는다. 목회자들이 진리보다는 자신의 명성을 더 구하기 때문에 교회의 사정은 갈수록 더 나빠지고 있다. "오히려 자기를 비워 종의 형체를 가지신"(빌 2:7) 주님을 우리도 닮아야만 한다. 필요하다면 까마귀나 천사를 통해서도 먹을 것과 입을 것을 공급해 주시리라는 믿음을 가진 목회자들이 필요하다. 하나님은 그렇게 하실 수 있고 또한 그렇게 돌보실 것이다. 그러므로 하나님의 설교자는 교인 수에 벌벌 떨 필요가 없다.

요한은 설교할 자리를 가리면서 설교하지 않았다

세례 요한은 남달리 특이한 목회 훈련을 받았다. 그 당시 젊은 이들은 예루살렘 성경 학교에 다니기도 하고, 제사장, 바리새인, 서기관이 되려고 가말리엘의 문하에서 공부도 했다. 세례 요한의 아버지는 제사장이었다(한때는 대제사장도 지냈다). 그러므로 요한은 아버지의 대를 이어 제사장이 되는 운명에 처한 사람이었다. 요한도 신학교에 다니고, 졸업장을 취득하고, 안수를 받아야 했다. 물론 그 다음에는 회당에서 목회 자리를 얻고 사역하게 된다. 그러나 요한이 하나님을 갈망할수록, 그는 직업적인 목회 사역에서 멀어졌다. 하나님은 요한을 신학교로 보내신 것이 아니라 광야로 내몰았다.

"내 친구들은 전부 다 학교에서 졸업장을 받았고, 나중에는 종교 지도자로 인정을 받을 텐데!"라는 생각이 세례 요한의 뇌리를 스쳐 지나면서 마음속에서 갈등이 일어났을 수도 있다. 다음과 같은 생각을 했을지도 모르겠다. '다른 사람들은 전부 다 안수받고 회당에서 목회자로 일할 텐데, 그들이 나를 보면 뭐라고 말할까? 나도 노회, 대회, 총회에 가서 나를 선전하고 알려야 좋은 목회지를 얻고 부흥회도 많이 인도하러 다닐 수 있지 않을까? 이렇게 알려지지도 않고 별 볼일 없이 있다가는 목회자로서 사례비도 제대로 받지 못하게 되지 않을까. 나는 성령 충만함을 받았고, 설교자로 부르심도 받았고, 나의 출생과 사역에 관해서 아버지가 천사에게 계시를 받기도 했어. 그렇지만 광야에 틀어박혀 있으면 도대체 누가 나를 알아줄 것인가! 나를 집회에 강사로 초청해 줄 사람이 하나도 없을지도 몰라.' 하지만 광야로 이끄시는 강렬한 부르심이 그의 이성에서 비롯되는 많은 생각을 누르고 승리했다. 친구나 친척이나 그 누가 뭐라고 해도, 또 전통이 무엇이든지 간에, 세례 요한은 오직 성령님을 따르기로 결심했다.

누가복음 3장 2절은 "안나스와 가야바가 대제사장으로 있을 때에 하나님의 말씀이 빈 들에서 사가랴의 아들 요한에게 임한지라"고 말씀하신다. 말씀이 임한 다음에는 예루살렘과 온 유대와 요단 강 사방에서 다 그에게로 나아가게 되었다(마 3:5). "사람의 선물은 그의 길을 넓게 하며 또 존귀한 자 앞으로 그를 인도하느니라"(잠 18:16)라는 말씀처럼 세례 요한은 하나님의 인도하심을 받은 사람이다. 그는 기회를 잡으려고 의식적으로 노력하지 않았고 자리를 얻으려고 뛰어다니지도 않았다. 세례 요한은 하나님께서 그의 입술에 넣어 주시는 말씀을 선포하도록 친히 문을 열어주실 것을 알았다.

나는 1987년에서 1989년까지 플로리다 올란도에 있는 대형 교회에서 청년부를 담당한 적이 있다. 그 교회 담임목사는 나와 아내가 이제는 풀타임 사역을 할 시기가 되었다는 것을 깨닫고 1989년 초에 목회자들의 모임에서 그러한 사실을 선포했다. 그리고 그 시작의 가장 적합한 시기는 1990년 1월 1일이라는 것에 우리 모두 동의했다. 교회에서는 나의 사례비를 1989년 12월까지로 마감 지었고, 나는 계획대로 1990년 1월에 새로운 사역을 시작하려 했다.

1989년 11월 말, 이제 한 달이 지나면 사례비가 나오지 않을 터였다. 그때 나는 사우스캐롤라이나와 테네시에 있는 작은 교회 두 곳에 이력서를 넣은 상태였다. 내가 가진 것이라고는 저축한 300달러밖에 없었지만 돌보아야 할 아이는 두 명이나 되었다. 미국에서 아주 잘 알려진 유명인사인 담임목사는 그가 집회를 다녔던 미국 내 육백 개 교회에 보내라며 나를 위해 추천서를 써 주었다. 각각 주소를 적은 육백 개의 편지봉투에 복사한 추천서를 넣어 우편으로 부치려는 찰나, 갑자기 성령님의 음성이 나의 머릿속을 때렸다. "도대체 뭐하는 거냐?" 나는 "여러 목회자에게 제가 목회지를 찾고 있다는 것을 알리려고 합니다"라고 대답했다. 성령님은 즉시 "너는 나의 뜻을 어기는구나!"라고 말씀하셨다. 그러나 나는 "하나님, 나 같은 존재가 여기 있다는 사실조차 사람들은 알지 못합니다. 그들에게 내 존재를 알려야 하지 않겠습니까?"라고 대꾸했다. 그때 하나님은 "내가 너를 알고 있다"라고 대답하셨다. 나는 곧바로 나 자신을 광고하고 다니는 것은 하나님의 뜻이 아님을 알아차렸다. 물론 그 당시에 나는 그것이 광고라고 생각하지도 않았다. 어쨌든 그것은 광고였다. 나는 즉시 모든 편지를 쓰레기통에 버렸다. 그동안 내가 목회 사역을 하면서 배웠던 것과는 상반되지만, 하나님께서 시키시는 대로 순종한 것이다.

그 이후로 지금까지 우리 가족은 일거리가 없어서 놀아 본 적도 없고, 돈이 모자라서 빚지고 살아 본 적도 없다. 먼저 우리를 만나고 싶어 하는 목회자들을 제외하고 목회 자리를 찾기 위해 전화를 걸거나 편지를 보낸 적도 없다. 우리는 하나님께서 기회의 문을 열어 주실 때마다 놀라고 또 놀랐다. 추천서들을 쓰레기통에 던져 버린 직후 하나님은 2년 동안 미국 내 열일곱 개 주와 오 개국에서 우리가 목회할 수 있도록 인도해 주셨다.

오늘날 현대 목회는 지나치게 정치적이고 전문화되어 버렸다. 목회자들은 도에 넘치게 정치적인 수완에 의존한다. 그러나 하나님은 오직 하나님만이 모든 필요를 충족해 주시는 분임을 신뢰하면서, 자기의 목적을 위해 하나님을 보조적 수단으로 삼으려 하지 않는 사람들을 찾고 계신다.

오늘날 많은 부흥사와 선교 단체는 목회자들에게 그들의 사역을 팔기 위해 여러 홍보물을 보낸다. 그들은 하나님이 주신 은사를 파는 장사꾼이다. 교회는 사례만 하면 데려올 수 있는 사역자들을 부르고, 그들에게 사례비를 지급한다. 교회가 그들이 요구하는 만큼의 돈을 주지 않거나 적합한 대우를 해 주지 않으면, 그들은 그 교회에 가서 봉사하지 않을 것이다. 그들의 공급처는 하나님이 아니고 교회다.

부흥사나 선교 단체들을 초청한 후 집회 헌금을 나누어 먹는 목회자들도 있다. 대형 집회를 열고 헌금을 거둔 후 일부는 강사료로 주고, 일부는 집회를 여는 데 들어간 비용으로 쓴다. 이들은 너무나 인색해져서 다음 구절을 잊어버렸다. "누가 자기 비용으로 군복무를 하겠느냐 누가 포도를 심고 그 열매를 먹지 않겠느냐 누가 양 떼를 기르고 그 양 떼의 젖을 먹지 않겠느냐"(고전 9:7). 교회는 순회 사역자들에게서 **빼앗은** 것으로도 필요를 다 채우지 못할까 봐 전전긍긍한다. 하나님의 사랑은 주는 사랑이다. 하나님의 사랑은 자신의 이득을 챙기지 않는다.

초대받은 사역자나 초대한 교회 모두 이기적으로 사역한다. 오늘날 모든 종교 사역의 핵심은 돈을 중심으로 움직인다. 그렇기에 돈 많은 사람들이 사역자들을 조종한다. 경건한 사람들의 목소리보다 상석에 앉은 부자들과 명망 있는 사람들의 목소리가 더 크게 들린다.

우리는 반드시 '사역'의 길에서 '하나님'의 길로 돌아서야 한다. 예수님의 재림이 있기 전에 하나님께서 엘리야 사역을 일으키시는 목적도 바로 이것이다. 이들 경건한 자들은 교회 지도자와 남은 자들에게로 가서 회개하라는 경고의 나팔을 크게 울릴 것이다. "그가 또 엘리야의 심령과 능력으로 주 앞에 먼저 와서 아버지의 마음을 자식에게 거스르는 자를 의인의 슬기에 돌아오게 하고 주를 위하여 세운 백성을 준비하리라"(눅 1:17).

chapter 3

외치는 자의 소리

열매가 소명을 확증해 준다.

> 하나님의 아들 예수 그리스도의 복음의 시작이라 선지자 이사야의 글에 보라 내가 내 사자를 네 앞에 보내노니 그가 네 길을 준비하리라 광야에 외치는 자의 소리가 있어 이르되 너희는 주의 길을 준비하라 그의 오실 길을 곧게 하라 기록된 것과 같이 막 1:1-3

하나님의 아들 예수 그리스도의 복음의 시작

세례 요한은 구약시대에 속한 인물이므로 현재 우리의 신앙생활에 적용할 수 없다고 생각하는 사람들도 있다. 그렇다면 하나님은 '세례 요한'이라는 제목으로 구약의 마흔 번째 책을 쓰게 하셨을 것이다. 그러나 세례 요한의 이야기는 "하나님의 아들 예수 그리스도의 복음의 시작"(막 1:1)과 함께 기록되어 있다. 세례 요한의 이야기는 모든 복음서의 시작 부분에 동일하게 등장한다. 예수님도 누가복음 16장 16절에서 그 사실을 명백하게 입증하신다. "율법과 선지자는 요한의 때까지요 그 후부터는 하나님 나라의 복음이 전파되어 사람마다 그리로 침입하느니라." 그뿐만 아니라 마태복음 11장 12-13절에서는 "세례 요한의 때부터 지금까지 천국은 침노를 당하나니 침노하는 자는 빼앗느니라 모든 선지자와 율법이 예언한 것은 요한까지니"라고도 말씀하셨다.

요한의 메시지는 회개하라는 메시지였다. 마가복음 1장 4절은 "세례 요한이 광야에 이르러 죄 사함을 받게 하는 회개의 세례를 전파하니"라고 밝힌다. "세례"라는 말의 뜻은 '담그다' 또는 '압도하다'이다. 세례 요한의 회개는 천국에 들어가기 위한 부분적인 회개가 아니라, 온 마음으로 돌이키는 것을 의미한다. 오늘날 죄를 용서해 달라는 간단한 기도 한마디를 하고 교회에 등록하면 천국에 들어갈 수 있다고 전하는 자들이 있다. 그러나 그로 인해 가짜로 회개하는 신자들이 속출하고 있다. 구원을 받으려면 어떻게 해야 하느냐는 질문에 베드로는 다음과 같이 담대하게 선포했다. "그러므로 너희가 회개하고 돌이켜 너희 죄 없이 함을 받으라 이같이 하면 새롭게 되는 날이 주 앞으로부터 이를 것이요"(행 3:19). 진짜로 죄 사함을 받으려면 회개하고 동시에 돌이켜야 한다. 진정한 회개 없이는 돌이킴도 없을 것이다.

명함이 아닌 열매로 안다

세례 요한은 레위 족속에 속한 대제사장의 후손이었다. 예루살렘의 레위 족속과 제사장들이 세례 요한에게 당신은 누구냐고 물었을 때, 세례 요한은 자신은 메시아가 아니라고 대답했다. "또 묻되 그러면 누구냐 네가 엘리야냐 이르되 나는 아니라 또 묻되 네가 그 선지자냐 대답하되 아니라"(요 1:21). 엘리야나 선지자인지 물었을 때 "아니다"라고 요한이 대답한 이유는 무엇일까? 가브리엘 천사는 세례 요한이 그런 사람이라고 말하지 않았던가?(눅 1:17, 마 17:12-13) 그 이유는 전문적인 목회자들의 고정관념을 깨기 위해서였다고 나는 생각한다. 전문적인 목회자들은 하나님께 영광을 돌리기보다는 직함이나 칭호를 따지면서 자신들의 지위를 자랑한다.

이제 목회는 대형 비즈니스가 되었다. 기독교 방송은 마치 할리우드를 방불케 한다. 설교를 보고 듣고 하면서 신자들은 구경꾼들로 머물러 있고, 기독교 음악은 하나님의 기준이 아닌 세상의 패턴을 따라가고 있다. 목회자들은 상당히 많은 돈을 받고 방송에 출현해서 사역한다. 돈을 많이 주는 집회에만 가려고 한다. 유명한 설교자들은 성령님에 의해 스케줄을 잡는 것이 아니라 매니저나 비서에 의해서 움직인다. 그들은 '사역'이 아니라 '오락'을 강조한다. 물론 그것을 '사역'이라고 부르기는 하지만 말이다. 많은 사람이 세상에 메시지를 전하려면 세상과 비슷하게 되어야 한다고 핑계를 댄다. 그러나 그들이 전하는 메시지의 핵심은 과연 무엇인가? 설교자의 삶의 스타일은 그들이 전하는 메시지보다 더 많은 것을 말해 준다. 개종한 사람들의 수준은 어떠한가? 그들은 예수님을 위해 모든 것을 버릴 준비가 된 자들인가, 아니면 세상과 하나님을 동시에 사랑하면서 양다리 걸치고 있는 자들인가?

여러 교회 홍보물을 보면 사역 간에 서로 경쟁하는 것처럼 보인다. 이것이 사역인지 대형 비즈니스인지 의아해하는 신자들이 늘고 있다. 어떤 예언자가 예언 학교를 열면 사람들은 참석해서 주변 명소를 구경하다가 마지막 날 예언자가 된다. 어떤 목사는 연례 집회를 개최해서는 그 집회에 참석하기만 하면 일생이 바뀌는 변화가 온다고 선전하고 떠들어댄다. 그러한 집회는 상당히 많다. 마치 연예인들이 서로 인기를 경쟁하듯이 목사들도 그렇게 한다. 그러나 그들이 설교하는 것을 들어 보면 자신의 사역이 얼마나 성공적이며 교회에 얼마나 좋은 일을 하고 있는지에 대한 자랑뿐이다. 그러한 집회에서 누가 주목을 받는가? 주님인가, 아니면 자신의 사역인가?

바울은 갈라디아서 1장 10절에서 "이제 내가 사람들에게 좋게 하랴 하나님께 좋게 하랴 사람들에게 기쁨을 구하랴 내가 지금까지 사람들의 기쁨을 구하였다면 그리스도의 종이 아니니라"고 분명하게 말했다. "기쁨을 구하였다"에 사용된 헬라어는 '아레스코'다. 이 단어에 관한 사전적인 정의는 다음과 같다. '사람들의 감정을 고조시켜서 즐겁게 해줌.' 일반인이 사용하는 언어로 표현하자면 '허풍치다' 내지는 '사기 친다'라는 뜻이다. 그러므로 사도 바울의 말을 다르게 표현하자면, "내가 허풍을 치면서 사람들의 감정을 고조시킨다면 나는 그리스도의 종이 아니다"라고 할 수 있다. 피상적으로 사람을 웃기거나 자극시키면 사람들은 금세 들뜨거나 흥분하며 기분 좋아한다. 그러면서 그저 감정적으로 고조된 상태를 성령님께서 임재했다고 말한다. 아무런 부흥도 없는 부흥회를 하는 경우가 얼마나 많은가! 거짓을 진리라고 선포하기도 한다.

세례 요한에게 접근했던 사람들은 직함과 지위, 명성이 있는 사람들이었다. 그들은 대중을 멋들어지게 조종함으로써 목회에 성공한 사람들이었다. 그들이 세례 요한을 찾아온 것은 요한의 메시지를 들으려는 것이 아니라, 요한의 이야기를 들어 보고 비판하기 위함이었다. 그들은 세례 요한을 경계했다. 많은 사람이 광야로 나아가서 요한의 메시지를 듣고 있었기 때문이다. 그렇기에 종교 지도자들이 세례 요한을 만나려고 광야에 왔을 때 요한은 그들을 "독사의 자식들"이라고 불렀다. 종교라는 가면을 쓴, 마음이 순수하지 못한 인간들인 것을 알아챘던 것이다. 세례 요한은 명함을 내밀면서 직위를 자랑하는 그러한 사역에는 관심이 없었다. 그래서 세례 요한을 조사하러 나온 사람들에게 요한은 다음과 같이 대답했다. "나는 선지자 이사야의 말과 같이 주의 길을 곧게 하라고 광야에서 외치는 자의 소리로라 하니라"(요 1:23). 즉 요한은 자신의 목회 사역이 아니라 하나님의 말씀으로 그들을 이끌었다.

하나님이 세우신 예언자들은 선전을 하고 다닐 필요가 없다. 스스로 떠들고 다니지 않아도 자연스럽게 알려지게 되어 있다. 구약에서 가장 위대한 선지자 중 한 명인 사무엘에 관한 구절을 읽어 보라. "단에서부터 브엘세바까지의 온 이스라엘이 사무엘은 여호와의 선지자로 세우심을 입은 줄을 알았더라"(삼상 3:20). 열매가 소명을 확증해 준다. 그러나 아직도 많은 사람이 지위와 명칭, 직함에 매여 있다. 그리고 일단 자기가 어떤 부분에서 부름 받았는지를 감지한 영역에서 사역을 펼치기 시작한다. 그러나 스스로 인지하는 것은 대부분 반 정도만 맞거나 아예 틀린다.

모든 육체가 그것을 함께 보리라

> 외치는 자의 소리여 이르되 너희는 광야에서 여호와의 길을 예비하라 사막에서 우리 하나님의 대로를 평탄하게 하라 골짜기마다 돋우어지며 산마다 언덕마다 낮아지며 고르지 아니한 곳이 평탄하게 되며 험한 곳이 평지가 될 것이요 여호와의 영광이 나타나고 모든 육체가 그것을 함께 보리라 이는 여호와의 입이 말씀하셨느니라 사 40:3-5

위의 예언은 세례 요한의 시대에 어느 정도 실현되기는 하였으나, 100퍼센트 완성된 것은 아니다. 세례 요한의 시대에 모든 육체가 주의 영광을 보았는가? 그 대답은 "아니오"이다. 많은 사람이 주님의 영광을 예수 그리스도 안에서 보기는 했지만, 모든 육체가 함께 그것을 바라보았다고 할 수는 없다. 그러나 예수님의 재림 때에는 모든 육체가 주의 영광을 바라보게 될 것이라고 성경은 분명히 밝힌다.

성경의 많은 예언이 한 번 이상의 성취를 이루었다. 하나님이 하신 말씀의 마지막 성취가 있기 전에 예비 성취가 있기도 한다는 의미다. 바울은 '하나님의 지혜의 다면성'을 이야기한다. 하나님의 말씀은 다양한 상황과 처지에 적용될 수 있다. 그래서 하나님의 예언의 말씀이 어느 특정한 시대나 사람에게만 적용이 된다거나, 이미 모두 완성되었다고 말할 수 없다. 예언은 성취되는 과정 중에 있다. 그렇기에 구약의 예언들도 오늘날 완전히 무시될 수 없는 것들이 많다. 예수님은 마태복음 5장 17절에서 "내가 율법이나 선지자를 폐하러 온 줄로 생각하지 말라 폐하러 온 것이 아니요 완전하게 하려 함이라"고 하셨다. 구약의 예언들은 예수님을 통해서 성취되는 과정 중이며, 예수님의 재림을 통하여 온전히 완성될 것이다.

그러므로 이사야 40장의 예언에서도 두 번의 엘리야 기름 부음을 볼 수 있다. 한 번은 예수님의 초림에 이루어졌고, 다른 한 번은 예수님의 재림 때에 이루어질 것이다.

외치는 자의 소리

혹자는 왜 "외치는 자의 소리"라고 표현했는지 의문을 제기하기도 한다. 말세에는 예언 사역과 목회 사역의 목적이 다르지 않을 것이다. 그들은 모두 한목소리만을 낼 것이다. 바로 하나님의 목소리다. 그들은 한 사람처럼 존재할 것이다. 그들 자신의 욕망은 버리고 오직 하나님의 뜻만을 추구할 것이다. 그러한 예언자들은 광야 학교에서 훈련받는다. 그곳에서 목회 성공에 대한 야망과 개인적인 욕망들을 십자가에 못 박는다.

하나님께서는 말세에 오직 한 가지 목적을 가진 군대를 일으키실 것이다. 그들의 훈련소는 거친 땅이나 광야다. "너희는 광야에서 여호와의 길을 예비하라"(사 40:3). 애굽을 떠난 이스라엘 백성의 여정을 통해서 광야의 유익을 엿볼 수 있다. 광야는 두 가지 목적으로 존재했다. 첫째, 이기적인 목적으로 주님을 따르고 섬기던 자들을 뿌리째 뽑히게 만들었다. 그들은 광야에서 뿔뿔이 흩어졌다. 둘째, 약속의 땅을 취할 자들을 준비시켰다. 출애굽기와 민수기를 여호수아서와 비교해 보면, 여호수아 시대에는 극심한 반항과 강한 욕망들이 어느 정도 줄어든 것을 엿볼 수 있다. 광야에서의 시련으로 말미암아 이기적인 사람들은 모두 죽었고, 나머지 사람들은 더욱 순수해지고 강인해졌다.

몇 해 전에 나의 아내는 자다가 갑자기 새벽 네시에 주님이 깨우셔서 일어난 적이 있었다. 그래서 거실에 나가서 기도를 했는데, 주님께서 말세에 큰 군대를 일으키시는 환상을 보여 주셨다. 그런데 그 군대의 군병들은 모두 같은 얼굴이었다. 즉 그 누구도 자신을 드러내려는 목적을 가진 사람이 없고 슈퍼스타도 없었다는 뜻이다. 각자는 자신의 위치를 제대로 알고 있었고, 다른 사람을 짓밟고 높은 곳으로 올라가려고 시도하지 않았다. 그 환상에서 모든 군인은 한결같이 리더만을 바라보고 있었는데, 그분은 예수 그리스도였다고 아내는 말했다. 리더가 방향을 바꾸면 모든 사람이 일제히 그 리더와 동일하게 방향을 바꾸었다고 했다. 서로 쳐다보며 어떻게 해야 하는지 머뭇거리지 않았다. 그들은 주인을 따르고 있었기 때문이다. 그 군대는 자신의 개인적인 욕망을 버리고 오직 한 가지 목적에 충성했기에 마치 한 사람 같았다.

(광야 학교에서의 훈련이나 사역의 준비 과정에 관해서는 나의 다른 저서인 《광야에서의 승리》[순전한 나드]를 읽으면 도움이 될 것이다.)

비판적으로 살지 마라

이 책을 읽으면서 거부반응을 보이지 말고, 진실한 마음으로 자신의 마음을 살피는 기회가 되었으면 좋겠다. 자신의 삶이나 목회 사역에서 죄를 간과하고 대충 얼렁뚱땅 넘어가려 했던 것에 대해 성령님께서 지적하시도록 허락하라.

그리고 교회 지도자와 교회에 대해서 비판적인 자세를 취하지 마라. 그런 태도를 보이는 것은 어리석은 일이다. 교회 지도자가 그릇되었을 때 그것을 비판하는 사람은 비판의 내용에 상관없이 그 자체로 또 다른 잘못을 범하는 것이기 때문이다. 잘못하는 사람 둘이 모이면 잘되는 일이 하나도 없다. 하나님이 이 책을 읽는 독자들을 일깨우셔서 교회가 하나님의 심장으로 돌이키는 데 사용하실 것이라고 나는 믿는다. 남을 판단하게 되면 그러한 목표에 도달

할 수 없다.

하나님은 사무엘이 어렸을 적부터 엘리 제사장 밑에서 자라게 하셨다. 엘리에게는 사무엘보다 더 높은 직위를 가진 두 아들이 있었다. 그 두 아들은 사악하고 타락했으나 엘리 제사장은 자녀들의 죄악에 대하여 적당히 넘어갔다. 그 타락이 너무 극심했기에 하나님의 말씀조차 내리지 않았다. "아이 사무엘이 엘리 앞에서 여호와를 섬길 때에는 여호와의 말씀이 희귀하여 이상이 흔히 보이지 않았더라"(삼상 3:1). 그러나 사무엘은 엘리 제사장을 개인적으로 공격하지 않았다. "엘리 제사장은 하나님의 선지자가 아니다"라고 말한다든지, 엘리 제사장을 타도하고 엘리의 리더십을 전복시키려 하지 않았다. 반대로 "사무엘은 엘리 앞에서 여호와를 섬겼다"라고 성경은 기록한다(삼상 3:1). 하나님은 사무엘을 통해서 엘리와 그 아들들에게 경고를 주셨다. 그러나 그들은 경고의 말을 듣지 않았다. 그래서 하나님께서는 직접 엘리와 그 두 아들을 심판하셨다. 그리고 하나님은 사무엘을 엘리를 이은 선지자로 세우셨다.

하나님은 다윗을 사울 왕의 지도 아래에 놓으셨다. 그러나 거만한 사울은 다윗이 자신의 왕위를 노린다는 불안한 생각이 들어서 다윗을 제거하려고 수도 없이 시도했다. 놉이라는 도시에서 어느 제사장이 다윗을 숨겨 주고 다윗에게 먹을 것을 공급했을 때, 사울은 그 도시에 거주하던 여든다섯 명의 에봇을 입은 제사장을 칼로 살육했다. 사울은 물불을 가리지 않고 온갖 수단과 방법을 다 동원하여 다윗을 죽이려고 했다. 하루는 삼천 명의 병사를 이끌고 다윗을 죽이려고 나선 적도 있었다. 그런데 사울의 군대가 잠들었을 때, 아비새(요압의 동생)와 다윗이 몰래 그들의 장막으로 들어갔다. 다윗이 잠든 사울 곁으로 다가갔을 때 아비새가 다윗에게 말했다. "하나님이 오늘 당신의 원수를 당신의 손에 넘기셨나이다 그러므로 청하오니 내가 창으로 그를 찔러서 단번에 땅에 꽂게 하소서 내가 그를 두 번 찌를 것이 없으리이다"(삼상 26:8). 그러나 다윗은 "죽이지 말라 누구든지 손을 들어 여호와의 기름 부음 받은 자를 치면 죄가 없겠느냐"(삼상 26:9)라며 만류했다. 다윗은 감히 하나님의 종을 판단하거나 정죄하지 않았다. 다윗은 하나님께서 판단하시도록 했다. 하나님은 사울을 심판하셨고, 사울은 길보아 산에서 블레셋 사람에 의해 죽임을 당했다. 사울의 사망 소식을 들은 다윗은 기뻐하기보다 애통하는 마음으로 장송곡을 지어서 불렀으며, 다윗의 모든 군대도 사울을 위한 애도에 참여했다.

하나님의 종을 심판하시는 분은 하나님이시다. 그러므로 주의 종에게 대적하거나 주의 종을 비난, 비판하지 마라. 당신은 하나님의 일을 해야 한다. 당신의 삶에서 하나님이 고쳐 주시기 원하시는 것들이 있다. 당신은 그 영역들이 다루어지도록 내어드려야 한다.

John Bevere
The Voice of One Crying

❃ *chapter 4*

주의 길을 준비하라

죄인을 해방시킬

아무런 능력도 없는 메시지라면 아예 전파하지도 마라.

> 외치는 자의 소리여 이르되 너희는 광야에서 여호와의 길을 예비하라 사막에서 우리 하나님의 대로를 평탄하게 하라 골짜기마다 돋우어지며 산마다 언덕마다 낮아지며 고르지 아니한 곳이 평탄하게 되며 험한 곳이 평지가 될 것이요 여호와의 영광이 나타나고 모든 육체가 그것을 함께 보리라 이는 여호와의 입이 말씀하셨느니라 사 40:3-5

세례 요한의 예언자적인 사역을 진술하는 다음 성경 구절을 다시 한 번 살펴보자. "그는 선지자 이사야를 통하여 말씀하신 자라 일렀으되 광야에 외치는 자의 소리가 있어 이르되 너희는 주의 길을 준비하라 그가 오실 길을 곧게 하라 하였느니라"(마 3:3).

마태복음은 구약의 이사야서를 인용한다. 이사야서에서 "준비한다"에 해당하는 히브리어는 '파나'다. 이 단어의 사전적 의미는

'돌리다, 되돌리다, 또는 준비하다'이다. 구약성경에서 이 단어는 마흔아홉 번 '돌리다' 내지는 '되돌리다'라는 뜻으로 사용되었다. 그러나 '준비하다'라는 뜻으로 사용된 용례는 여섯 번밖에 없다. 그중 네 번은 주님의 길에 관한 이야기에 집중되어 있다(사 40:3, 57:14, 62:10, 말 3:1). 그렇다면 "그는 선지자 이사야를 통하여 말씀하신 자라 일렀으되 광야에 외치는 자의 소리가 있어 이르되 너희는 주의 길로 돌이켜라 그가 오실 길을 곧게 하라 하였느니라"라고 번역할 수도 있을 것이다.

이사야 40장 4절 말씀을 보라. "골짜기마다 돋우어지며 산마다 언덕마다 낮아지며 고르지 아니한 곳이 평탄하게 되며 험한 곳이 평지가 될 것이요." "고르지 아니한"이라는 히브리 단어는 '아코브'다. 이 단어의 사전적 의미는 '사기의, 부정의, 속이는, 구부러진, 오염된'이다. '아코브'라는 단어는 구약에 세 번 등장하는데, 두 번째 용례는 다음과 같다. "만물보다 거짓되고(아코브) 심히 부패한 것은 마음이라 누가 능히 이를 알리요마는"(렘 17:9). 마지막으로 아코브가 사용된 성경 구절은 호세아 6장 8절의 "피 발자취로 오염됨(아코브)이 편만하도다"이다. 그러므로 이사야 40장 4절은 "속임수가 창궐한 곳이 바로잡힐 것이다"라고 번역할 수도 있다.

그러므로 이 모든 것을 종합하면 이사야 40장 3-4절은 다음과 같이 해석할 수 있다. "외치는 자의 소리여 이르되 너희는 광야에서 외치며 사람들로 하여금 여호와의 길로 되돌아가게 하라 사막에서 우리 하나님의 대로를 평탄하게 하라 골짜기마다 돋우어지며 산마다 언덕마다 낮아지며 속임수가 많은 곳을 바로잡아라."

가브리엘 천사는 세례 요한에 대해서 "이스라엘 자손을 주 곧 그들의 하나님께로 많이 돌아오게"(눅 1:16) 하는 자라고 말했다. 세례 요한은 주님을 모르는 이방인들에게 보내진 예언자가 아니다. 그는 종교 단체 안에 존재하는 잃어버린 자에게 보내진 예언자다. 세례 요한은 불만이 쌓이고, 실망하고, 시험이 들어서 종교 단체를 떠난 자들에게 보내진 예언자다. 많은 사람이 자신의 신앙이 정상이라고 믿고 있다. 그러나 예언자는 하나님의 뜻에 미치지 못하는 것들을 지적해 준다. 세례 요한은 사람들이 마음을 바꾸고 다시 제대로 된 신앙생활로 돌이키는 데 도와주도록 보내심을 받은 자다. 수천 명의 사람이 회당 예배에 참석하였으나, 마음의 중심에 진심으로 하나님을 사랑하고 이웃을 사랑하는 마음이 없음을 통회하지 않았다. 그들은 자신들의 예배를 하나님이 받아주시기에 합당한 예배라고 착각했다. 세례 요한은 그런 그릇된 자긍심을 폭로하고자 하나님이 보내신 예언자다. 그들은 자신들이 아브라함의 자손이기에 구원받아 마땅한 자들이라고 착각했다. 교리를 고수하고, 십일조를 내고, 기도를 드리고, 종교적인 예식에 참여하면 의롭다 함을 받을 것이라고 오해했다. 세례 요한은 그러한 속임수를 속속들이 폭로했다.

그러나 속고 있는 사람은 세례 요한의 시대에만 있었던 것이 아니다. 오늘날의 교인들도 속고 있다. 하나님을 믿는다면서 교회에 다니지만 사실은 자신의 이득을 챙긴다. 그러면서도 성경 구절을 들먹이며 자신을 합리화시키고, 주의 이름으로 그러한 악을 자행한다. 진정한 삶의 변화, 즉 생활양식 자체의 변화가 없으면 제대로 믿는다고 할 수 없다. 그러나 예수님을 영접하는 기도를 한 번 드리고, 교회에 출석하고, 십일조를 내고, CCM 음악을 들으면서 예수님의 재림에 준비된 자가 되었다고 착각하는 수많은 신자가 있다.

이들은 '자기 복음'의 후손들이다. "예수 믿고 축복 받자!"라는 이상한 복음을 전했기 때문에 이러한 착각이 난무하게 되었다. 교회는 죄인을 죄에서 해방시켜 줄 복음을 전하지 않았다. 대신 새롭고 개선된 삶을 약속하면서 사람들을 붙잡았다. 교인들에게 그들을 자유케 할 진리를 가르치기보다, 그들로부터 호의적인 반응을 유도해 내는 일에 더욱 전력했다. 교인들이 지금 서 있는 자리가 어디인지 정확하게 지적해 줌으로써 제대로 된 자리로 돌아가게 하는 회개를 선포하는 대신에, 구원으로 인하여 오는 축복만 강조했다. 그래서 교인들은 예수님을 주님으로 인정하고 순종함으로 따르는 일에는 관심이 없고, 구원의 선물을 받는 일에만 관심을 가지게 되었다.

예레미야 9장 3-6절은 "여호와의 말씀이니라 그들이 활을 당김 같이 그들의 혀를 놀려 거짓을 말하며 그들이 이 땅에서 강성하나 진실하지 아니하고 악에서 악으로 진행하며 또 나를 알지 못하느니라 너희는 각기 이웃을 조심하며 어떤 형제든지 믿지 말라 형제마다 완전히 속이며 이웃마다 다니며 비방함이라 그들은 각기 이웃을 속이며 진실을 말하지 아니하며 그들의 혀로 거짓말하기를 가르치며 악을 행하기에 지치거늘 네가 사는 곳이 속이는 일 가운데 있도다 그들은 속이는 일로 말미암아 나를 알기를 싫어하느니라 여호와의 말씀이니라"고 밝힌다.

진실을 직면할 용기 있는 자들은 도대체 어디에 있는가? 이 질문은 하나님의 심장에서 터져 나오는 질문이다. 정의의 편에 굳건하게 서 있는 대신에, 사역자와 교인들은 진리를 선포하면 공격당하지 않을까 염려한다. 그래서 뒤로 물러서서 대충 얼버무리며 거짓말을 지어낸다. 문제는 계속 거짓말을 하다 보면 그것을 진실인 양 믿게 된다는 것이다. 야고보서 1장 26절은 "누구든지 스스로 경건하다 생각하며 자기 혀를 재갈 물리지 아니하고 자기 마음을 속이면 이 사람의 경건은 헛것이라"고 밝힌다. 대충 넘어가는 타협의 누룩이 무섭게 번지고 있다. 목회자조차도 진실을 말했다는 이유로 다른 목회자에게 핍박을 당한다. 상대방의 기분을 상하게 하는 진실을 말하지 않으면 개종자를 얻기가 쉬울지도 모른다. 사역자들은 회개가 빠진 메시지로 사람들을 예수님께로 인도하는 데 안주한다. 사람들의 마음속에는 여전히 많은 죄가 살아서 움직인다.

그 결과 하나님도 섬기고 세상의 쾌락도 동시에 추구하면서 양다리를 걸치는 신종 기독교인들이 속출하고 있다. 그들은 기괴한 가짜 기독교인들로, 경건의 모양은 있으나 마음의 변화를 가져오는 능력은 부인하는 자들이다. 아래의 성경 구절을 자세히 읽어 보라.

> 너는 이것을 알라 말세에 고통하는 때가 이르러 사람들이 자기를 사랑하며 돈을 사랑하며 자랑하며 교만하며 비방하며 부모를 거역하며 감사하지 아니하며 거룩하지 아니하며 무정하며 원통함을 풀지 아니하며 모함하며 절제하지 못하며 사나우며 선한 것을 좋아하지 아니하며 배신하며 조급하며 자만하며 쾌락을 사랑하기를 하나님 사랑하는 것보다 더하며 경건의 모양은 있으나 경건의 능력은 부인하니 이 같은 자들에게서 네가 돌아서라 그들 중에 남의 집에 가만히 들어가 어리석은 여자를 유인하는 자들이 있으니 그 여자는 죄를 중히 지고 여러 가지 욕심에 끌린 바 되어 항상 배우나 끝내 진리의 지식에 이를 수 없느니라 딤후 3:1-7

이 말씀은 경건의 모양은 있으나 성령의 은사를 거절하는 사람을 지적하는 말씀이 아니다. 마지막 때에(우리가 사는 지금 이때) 주님의 이름을 부르고, 교회에 출석도 하고, 하나님의 약속에 흥분하기도 하지만, 사람을 변화시키는 하나님의 능력은 믿지 않는 것을 지칭하는 말씀이다. 그들은 자신을 사랑함에서 타인을 사랑함으로, 돈을 사랑함에서 하나님을 사랑함으로, 자존심을 세우는 곳에서 겸손한 곳으로, 불순종에서 순종으로, 감사가 없음에서 감사가 충만함으로, 불경건에서 경건으로 변화될 수 있는 능력을 받아들이지 않는다. 바울의 말을 빌려 표현하자면, 그들은 항상 배우나 끝내 진리의 지식에 이르지 못한다. 다른 말로 하자면, 설교 듣기를 좋아하고 말씀도 공부하지만 삶에 그것을 적용하지 않음으로 인하여, 항상 제자리걸음만 하는 사람들이다. 그래서 그들은 교회는 다니지만 하나님을 알지 못한다. 스스로를 속이고 있기 때문이다. "그들은 속이는 일로 말미암아 나를 알기를 싫어하느니라 여호와의 말씀이니라"(렘 9:6). 이러한 종류의 종교 생활(교회 생활)을 통해서는 하나님을 친밀히 아는 지식에 이르지 못한다. 물론 예수님은 그런 사람들에 대해서 예견하셨다. "그 날에 많은 사람이 나더러 이르되 주여 주여 우리가 주의 이름으로 선지자 노릇하며 주의 이름으로 귀신을 쫓아내며 주의 이름으로 많은 권능을 행하지 아니하였나이까 하리니 그 때에 내가 그들에게 밝히 말하되 내가 너희를 도무지 알지 못하니 불법을 행하는 자들아 내게서 떠나가라 하리라"(마 7:22-23).

고린도전서 6장 9-10절은 "불의한 자가 하나님의 나라를 유업으로 받지 못할 줄을 알지 못하느냐 미혹을 받지 말라 음행하는 자나 우상 숭배하는 자나 간음하는 자나 탐색하는 자나 남색하는 자나 도적이나 탐욕을 부리는 자나 술 취하는 자나 모욕하는 자나 속여 빼앗는 자들은 하나님의 나라를 유업으로 받지 못하리라"고 말한다.

여기에서 매우 중요한 점을 하나 지적하고자 한다. 하나님은 사람의 마음의 중심을 보신다는 사실이다. 사탐의 참된 상태는 그의 행동이 아니라 마음에서 결정된다. 예수님이 재림하실 때 만나실 교회는 미지근한 교회나 죄로 가득한 교회가 아니라 거룩한 교회다. '거룩하다' 의 뜻 중 하나는 '순전한 상태' 다. "마음이 청결한 자는 복이 있나니 그들이 하나님을 볼 것임이요"(마 5:8). 성경은 "행실을 바르게 하는 자는 복이 있나니"라고 말하지 않는다. 사람들은 규칙이나 제한을 통해 거룩함을 유지해 보려고 한다. 화장을 하지 않고, 옷을 단정하게 입으며, TV를 보지 않는 것처럼 말이다. 그러나 그것만으로는 내적인 순수성을 유지할 수 없다. 하나님은 경건의 모양만 보시는 분이 아니시다. 하나님은 당신의 내면에서 마음이 변하기를 바라시며, 그것이 순전한 행동으로 연결되기를 원하신다. 예수님은 이렇게 말씀하셨다. "눈 먼 바리새인이여 너는 먼저 안을 깨끗이 하라 그리하면 겉도 깨끗하리라"(마 23:26).

발목까지 내려오는 치마를 입은 여자라도 정숙하지 않을 수 있고, 짧은 바지를 입고 교회에 오는 여자라도 순수한 마음을 가질 수 있다. 옷을 입는 사람이 문제이지 사람이 입는 옷이 문제가 아니다. 단 한 번도 이혼한 적이 없다고 거들먹거리는 남자도 사실은 정욕의 노예가 될 수 있다.

마음이 청결한 사람은 자신의 죄를 잘 참아 내지 못한다. 그러나 당신은 죄에 묶인 사람의 태도를 그냥 묵인하지 않는가? 그러면서도 죄를 분류해서 특정한 죄를 더 비난하거나 어떤 죄는 그냥 눈감아 주지 않는가? 마치 자신이 재판관인 양 세리와 다른 사람을 비난하는 바리새인처럼 말이다.

> 육체의 일은 분명하니 곧 음행과 더러운 것과 호색과 우상 숭배와 주술과 원수 맺는 것과 분쟁과 시기와 분냄과 당 짓는 것과 분

> 열함과 이단과 투기와 술 취함과 방탕함과 또 그와 같은 것들이라 전에 너희에게 경계한 것 같이 경계하노니 이런 일을 하는 자들은 하나님의 나라를 유업으로 받지 못할 것이요 갈 5:19-21

위의 성경 구절에서 시기, 분쟁, 분노는 음행, 살인 같은 악행들과 동일하게 취급된다. 스스로 의롭다고 생각하는 사람들은 마음속에 씁쓸함이나 분노 같은 것을 간직하고 있으면서, 동성연애자들이나 살인자들을 비난하고 정죄한다. 예수님께서 죽기까지 사랑하신 사람들인 동성연애자들에 대한 믿는 자들의 분노와 증오의 태도는 예수님의 마음을 아프게 한다. 다른 사람을 미워하는 마음을 가진 신자의 죄가 동성연애자의 죄보다 더 가벼운 것은 아니다.

마지막 때의 엘리야 기름 부음은 그러한 속임수들을 폭로해 낼 것이다. 예언자들의 메시지는 많은 사람을 주님께로 돌아오게 할 것이며, "언덕마다 낮아지며 속임수가 많은 곳은 바로잡히리라"는 말씀이 이루어질 것이다(사 40:3-4). 하나님은 교회를 매우 사랑하시기에, 교회가 속임수 가운데에 머물러 있도록 내버려두지 않으실 것이다.

산마다 언덕마다 낮아지며

> 외치는 자의 소리여 이르되 너희는 광야에서 여호와의 길을 예비

하라 사막에서 우리 하나님의 대로를 평탄하게 하라 골짜기마다 돋우어지며 산마다 언덕마다 낮아지며 고르지 아니한 곳이 평탄하게 되며 험한 곳이 평지가 될 것이요 사 40:3-4

하나님께서는 골짜기는 높아지고 산과 언덕은 낮아질 것이라고 말씀하셨다. 산과 언덕은 인간의 교만을 상징한다. 그러므로 교만과 하나님보다 높아진 길은 다 낮아지게 될 것이다.

교만이란 무엇인가? 종종 담대함을 교만으로 착각하는 경우가 있다. 하나님 안에서 자신감을 가진 사람들은 종종 교만하거나 지나친 긍지를 가진 것처럼 보이기도 한다. 다윗이 전쟁터에 나간 형들에게 먹을 것을 주러 갔을 때, 하나님의 군대를 모욕하는 골리앗을 보았다. 그때 다윗은 하나님을 신뢰하는 자신감을 가지고 아래와 같은 확신의 말을 한다. "…이 블레셋 사람을 죽여 이스라엘의 치욕을 제거하는 사람에게는 어떠한 대우를 하겠느냐 이 할례 받지 않은 블레셋 사람이 누구이기에 살아 계시는 하나님의 군대를 모욕하겠느냐"(삼상 17:26). 그러나 다윗의 담대한 말은 그의 형들에게는 교만한 말로 들렸다. 형들은 다윗이 잘난 척하며 괜히 나선다고 판단했다.

사울 왕의 군대에 충성하던 큰형 엘리압은 다윗을 꾸짖었다. "큰형 엘리압이 다윗이 사람들에게 하는 말을 들은지라 그가 다윗에게 노를 발하여 이르되 네가 어찌하여 이리로 내려왔느냐 들에 있는 양들을 누구에게 맡겼느냐 나는 네 교만과 네 마음의 완악함을 아노니 네가 전쟁을 구경하러 왔도다"(삼상 17:28). 그러나 사실 진짜로 교만한 사람은 엘리압이었다. 그는 아마도 사무엘이 자신보다 훨씬 어린 동생에게 기름을 부어 화가 나 있었을 것이다. 바로 이러한 교만 때문에 하나님께서 엘리압을 선택하지 않으셨을지도 모른다. 다른 사람들을 비난할 때 그 비난은 비난받는 사람과는 상관없이 비난하는 사람 스스로의 마음속에서 터져 나오는 갈등의 표출인 경우가 많다.

오늘날에도 하나님에 대한 강한 신뢰로 담대하고 확신에 가득 차 자신만만하게 살아가는 사람들은 교만하다고 비난받는다. 이는 교만과 겸손에 관한 그릇된 견해 때문이다. 또한 겸손은 조심스럽게 행동하는 것이라고 착각하기 때문이다. 혹은 늘 부족하다고 말하며 자신을 보잘것없이 여기는 것처럼 행동해야 한다고 잘못 생각한다. 그러나 겸손은 마음의 상태이지 행동과 관련된 것이 아니다.

웃시야 왕은 다윗의 자손으로, 열여섯 살에 왕위에 올랐다. 그는 왕위에 등극하자마자 하나님을 열심히 찾았다. 물론 누구라도 그 나이에 왕이 되었다면, 하늘의 도움을 구했을 것이다. 성경은 웃시야 왕에 대해 다음과 같이 기록한다. "그가 여호와를 찾을 동안에는 하나님이 형통하게 하셨더라"(대하 26:5). 하나님은 그를 풍성하게 축복하셨다. 웃시야는 블레셋과 싸우고 가드 성과 야브네 성과 아스돗 성의 성벽들을 헐었다. 심지어는 아라비아와 마온을 쳤으며, 암몬은 웃시야에게 조공을 바쳤다. 그는 나라를 경제적으로나 군사적으로 부강한 나라로 만들었다. 그의 리더십 아래서 나라가 융성하게 되었다.

> 그가 강성하여지매 그의 마음이 교만하여 악을 행하여 그의 하나님 여호와께 범죄하되 곧 여호와의 성전에 들어가서 향단에 분향하려 한지라 대하 26:16

웃시야 왕은 강해지자 마음에 교만이 가득 찼다. 모든 일이 형통하고 성공을 거두자 그는 더 이상 하나님을 찾지 않았다. 하루는 하나님께서 나에게 이렇게 말씀하셨다. "실족한 사람들의 대부분은 힘든 때가 아니라 형통할 때에 넘어졌단다." 많은 기독교인이 이 덫에 걸려들고 있다. 처음 하나님을 알고 구원의 감격을 체험했을 때는 주님을 알려는 마음의 갈망이 있다. 매사에 주님을 찾고 신뢰한다. 교회에 와서는 "주님, 주님의 뜻을 알고 싶습니다. 주님을 갈망합니다"라고 울부짖는다. 그러나 많은 신앙 체험을 하고 성경 지식이 쌓여감에 따라서, 그들의 태도는 이렇게 변한다. "이 사역자가 얼마나 잘하는지 어디 한번 보자." 성경을 읽을 때도 "주님, 저에게 말씀해 주시옵소서. 제가 믿고 따르기 원합니다"라는 자세에서 멀어지고, 자신이 이미 가진 교리와 경험의 색안경으로 성경을 읽는다. 그들은 이제 성경 지식과 교회 생활에 전문가들이 되기는 했지만, 이전의 겸손함은 상실했다.

기독교가 발달한 나라의 문제점이 바로 여기에 있다. 바울은 성령의 은사가 충만했던 고린도 교회에 다음과 같이 경고했다. "우상의 제물에 대하여는 우리가 다 지식이 있는 줄을 아나 지식은 교만하게 하며 사랑은 덕을 세우나니"(고전 8:1). 사랑은 자신의 유익을 구하지 않는다. 그러나 교만은 자신의 유익을 추구한다. 때로는 종교의 탈을 쓰고서 유익을 구하기도 한다. 하나님께서는 사랑이 없는 지식은 교만을 낳는다고 말씀하셨다.

안타깝게도 웃시야 왕은 교만해질수록 더욱더 종교적이 되었다. 그의 마음이 교만해짐으로 인하여 성전으로 '예배'를 드리러 갔다. 교만과 종교의 영은 서로 손을 잡고 다닌다. 종교의 영은 '영성'이라는 탈을 쓰고 겸손한 척한다. 동시에 교만은 사람으로 하여금 종교의 영에 얽매여 있도록 한다. 교회 안에서 교만은 종교적인 탈을 쓰고 있기에 잘 감지되지 않는다.

종교적인 교만은 자신을 하나님처럼 될 수 있는 자로 여기는 것이다. 하나님의 길을 제쳐 놓고 스스로 행하면서, 알고, 소유할 수 있는 능력이 자신에게 있다고 믿는 것이 바로 교만이다. 인생의 모든 자원을 공급하시는 분이 하나님이 아니고 자신이라고 생각하는 한 교만에서 벗어날 수 없다. 반면에 예수님은 자신에 대해서 이렇게 밝히셨다.

> 그러므로 예수께서 그들에게 이르시되 내가 진실로 진실로 너희에게 이르노니 아들이 아버지께서 하시는 일을 보지 않고는 아무것도 스스로 할 수 없나니 아버지께서 행하시는 그것을 아들도

> 그와 같이 행하느니라 요 5:19

예수님이실지라도 하나님 아버지의 지시, 도움, 능력 주심이 없으면 아무것도 할 수 없다고 하셨다. "아버지가 하셨던 일을 보았다"가 아니라 "아버지가 하시는 일을 본다"라는 현재시제에 주목하기 바란다. 그릇된 영인 종교의 영은 현재 하나님께서 하시는 일에는 저항하면서 과거에 하셨던 일에는 붙들린다. 그러한 종교의 영과 손을 맞잡고 있는 것이 교만이다. 교만은 그 자체의 힘으로 능력을 발한다.

종교의 영을 받은 사람들의 대표는 바리새인들이다. 그들은 거룩한 척하지만 마음의 중심은 교만으로 가득했다. 그들은 주로 과거에 하나님께서 모세와 아브라함에게 행하신 일을 강조했다. 그러나 현대 그들 중에 나타나신 살아 계신 하나님의 아들에게는 저항했다. 그들의 겉모습은 대단히 영적으로 보였다. 매주 금식하고, 십일조를 드리고, 대중 앞에서 길고 장황한 기도를 멋들어지게 드리고, 깔끔한 옷을 입고 다녔다. 그러나 그들의 거룩한 겉모습은 오직 구약성경에 기록된 것에 의존해서 형성된 것으로, 지금 현재에 역사하시는 하나님의 영은 받아들이지 않은 채 그들 자신의 능력으로 행해졌다.

오늘날에도 신종 바리새인들이 있다. 그들은 겉은 거룩하게 보인다. 예수님을 영접하는 기도를 드리고, 교회를 매주 출석하며, 십일조도 드린다. 교회를 오랜 기간 다니면서 교회에 봉사도 한다.

그러나 그들의 마음은 교만으로 가득 차 있다. 하나님의 영감으로 행한다고 말하지만, 실상은 자신의 생각과 의지로 일한다.

웃시야의 이야기로 돌아가 보자. 교만한 웃시야는 제사장들과 충돌했다.

> 웃시야가 손으로 향로를 잡고 분향하려 하다가 화를 내니 그가 제사장에게 화를 낼 때에 여호와의 전 안 향단 곁 제사장들 앞에서 그의 이마에 나병이 생긴지라 대하 26:19

웃시야는 분노했다. 교만은 항상 자신을 정당화시킨다. 이러한 자기 방어는 항상 분노와 함께 다닌다. 교만한 사람은 다른 모든 사람을 비난하며 자신은 그런 사람이 아니라고 발뺌한다. 웃시야는 화를 내며 모든 문제는 제사장에게 있다고 했지만, 사실 문제의 근원은 웃시야 자신이었다. 교만은 사람의 눈을 멀게 한다. 그 결과 웃시야의 몸에 나병이 생겼다. 외부로 표출된 나병은 실제로는 그의 마음속 상태를 대변해 준다. 문둥병은 겉으로 나타난 현상이지만, 그 뿌리는 교만이다. 오늘날에도 상황은 다르지 않다. 많은 목회자가 죄로 인해 넘어진다. 특별히 성적인 범죄가 많다. 하나님은 나에게 이렇게 말씀하셨다. "성직자가 범하는 모든 성적인 죄는 그 뿌리가 교만이다. 마음에 교만이 싹트기 시작했을 때 성적인 범죄를 저지르게 된다."

"광야에서 외치는 자의 소리가 있어 이르되 주의 길로 돌아서라, 골짜기마다 돋우어지며 산마다 언덕마다 낮아지며"라고 말하는 기름 부음 받은 선지자들을 하나님께서 일으키실 것이다. 주님의 영광이 나타나면 모든 교만한 자는 낮아질 것이다. 이사야 6장 1절을 보라. "웃시야 왕이 죽던 해에 내가 본즉 주께서 높이 들린 보좌에 앉으셨는데 그의 옷자락은 성전에 가득하였고." 그분의 옷자락은 하나님의 영광을 상징한다. 하나님은 내게 이렇게 말씀하셨다. "이사야는 웃시야 왕이 죽기 전까지는 하나님의 영광을 보지 못했단다." 나는 그 말씀을 우리 시대에 주시는 하나님의 말씀으로 바꾸어 선포하고자 한다. "교만이 죽기 전까지는 교회가 하나님의 영광을 보지 못할 것이다."

골짜기마다 돋우어지며

> 외치는 자의 소리여 이르되 너희는 광야에서 여호와의 길을 예비하라 사막에서 우리 하나님의 대로를 평탄하게 하라 골짜기마다 돋우어지며 산마다 언덕마다 낮아지며 고르지 아니한 곳이 평탄하게 되며 험한 곳이 평지가 될 것이요 사 40:3-4

골짜기는 겸손함을 의미한다. 스스로 낮아지고 겸손한 사람들을 하나님께서 높여 주실 것이다. 광야는 우리를 겸손하게 해 준다. 집을 나간 탕자의 비유를 살펴보자. 탕자는 아버지 집을 떠나서 가진 모든 것을 잃고 돼지죽이나 먹는 신세가 되었다. 그러나 그때야 비로소 자신의 삶이 텅 비고 생명이 없음을 알아차렸다. 그리고 참된 기쁨은 아버지 집에서만 찾을 수 있음을 깨달았다.

모세도 마흔 살 때 자신의 방법으로 이스라엘을 구원해 보고자 시도했다. 물론 하나님께서 자신을 그 일에 부르셨다는 것을 알고 있었다. 하지만 하나님의 뜻을 애굽의 지혜와 능력으로 성취해 보려고 했다. 그러한 자신만만함은 결국 낮아지게 되었다. 모세는 40년간 광야에서 양을 치면서 하나님의 방법으로 행할 준비를 했다. 광야는 하나님의 손에 모든 것을 맡기는 겸손을 배양시키는 장소다.

선지자 요나는 하나님이 가라고 한 곳으로 가지 않고 쉬운 길로 도망갔다. 그러나 3일 동안 물고기 뱃속에 갇혀 있으면서 비로소 겸손히 하나님께 부르짖게 되었다. "내가 말하기를 내가 주의 목전에서 쫓겨났을지라도 다시 주의 성전을 바라보겠다 하였나이다"(욘 2:4). 요나의 주변 상황이 요나를 겸손하게 만들었다. 고래 뱃속은 분명히 광야 훈련의 시간이다. 그러한 극심한 어려움은 요나의 길이 아닌 주님의 길을 예비케 했다. 일단 요나가 스스로를 낮추었을 때, 하나님은 그를 다시 높이셔서 악한 도성인 니느웨로 가서 주님의 말씀을 전하게 하셨다.

오늘날 교회가 세상을 향해 "회개하라!"고 담대히 외칠 수 있겠는가? 교만과 이기적인 동기가 사역 전반에 가득 흐르고 있다. 교회는 수많은 쟁투와 분열로 피범벅이 되어 있다. "교만에서는 다툼만 일어날 뿐이라 권면을 듣는 자는 지혜가 있느니라"(잠 13:10)고 성경은 밝힌다. 교회의 다툼과 분열의 뿌리는 교만이다. 그러나 이 교만은 거짓 겸손에 가려 숨겨져 있다. "나는 오직 하나님께만 영광을 돌리려 하는 것뿐입니다." 이러한 말의 배후에는 하나님이 쓰시는 사람이 바로 자신인 것을 드러내려는 교만이 숨어 있다.

우리가 스스로 겸손히 낮아지면, 하나님은 우리에게 기름을 부어 주시고, 세상에 하나님의 말씀을 담대히 전하도록 허락해 주실 것이다. 그러면 위대한 영혼의 추수를 보게 될 것이다. 하나님은 이전에 보지 못한 하나님의 영광을 드러내시려고 지금도 교회를 준비시키고 계신다. 도시와 마을 전체가 주님께로 올 것이다. 진정한 교회에 속한 모든 사람이 이러한 큰 추수 사역에 동참하게 될 것이다. 그러나 어떤 육체도 하나님의 눈에는 영광을 받을 만하지 못할 것이다. 인간은 하나님의 영의 움직임을 조종할 수 없다. 하나님이 하시는 일에 대해서 인간이 자랑할 수 있는 것도 없다. 육체는 하나님의 영광을 함께 나누지 못할 것이다.

하나님은 선지자 에스겔을 마른 뼈들이 가득한 골짜기로 데리고 가셔서 환상을 보여 주셨다. 에스겔은 살이 하나도 남아 있지 않은 마른 뼈들을 바라보았다. 이는 이스라엘을 상징했다. 하나님이 겸손함의 골짜기에서 모든 육체의 교만을 거두어 가신 것이다. 많은 사람이 오늘날에도 그렇게 느끼고 있다. "우리 교회는 너무나 메말랐습니다. 뼈만 앙상하게 남았습니다. 아무 희망도 없습니다." 그들은 하나님이 에스겔에게 하신 질문을 스스로에게 던지는 사람들이다. "이 뼈들이 능히 살 수 있겠는가?" 에스겔은 속으로 이렇게 생각했을지도 모른다. '이들은 살아날 가망이 전혀 없어 보인다. 하지만 하나님의 백성에 대해 내가 어찌 감히 그렇게 말할 수 있겠어.' 그래서 "주 여호와여 주께서 아시나이다"라는 대답밖에 할 수 없었다. 그러자 하나님은 에스겔에게 "너는 이 모든 뼈에게 대언하여 이르기를 '너희 마른 뼈들아 여호와의 말씀을 들을지어다' 라고 명령하라"고 지시하셨다. 만약에 에스겔이 오늘날의 스타일로 예언하였다면 아마 다음과 같이 말했을 것이다. "작은 뼈들아, 일어나라! 일어나서 파란 눈과 금발의 아리따운 아가씨와 결혼하라. 내가 너에게 이층집을 허락하리니, 너는 축복을 무더기로 받을 것이니라." 우리는 선지자의 직무를 오해하고 있다. 에스겔은 하나님이 영감으로 허락하신 말로만 예언했다. 다른 말은 하지 않았다. 그 결과 마른 뼈에 생기가 들어가고 뼈들이 살아 움직이게 되었다.

> 이에 내가 그 명령대로 대언하였더니 생기가 그들에게 들어가매 그들이 곧 살아나서 일어나 서는데 극히 큰 군대더라 겔 37:10

하나님이 참된 교회들을 무기력한 곳으로 들어가게 허락하시는 경우가 있다. 거기에서는 겸손함을 배울 수 있다. 하나님은 그렇게 겸손해진 자들에게 능력과 영광을 부어 주신다. 그러면 교만이라는 악독에 빠지지 않고 사탄의 시험에 들지 않게 될 것이다(딤전

3:6).

구약의 요셉은 어렸을 때 하나님을 사랑했지만 약간은 교만한 사람이었다. 하나님께서 그의 형제들을 다스리는 사람이 되리라는 꿈을 주셨을 때, 그는 곧장 형들에게 달려가서 자랑했다. 그러나 13년 동안의 노예 생활과 애굽에서의 감옥 생활은 요셉으로 하여금 겸손한 자리로 내려가게 했다. 나중에 형제들을 만났을 때 요셉은 "자, 형들아 봐라. 하나님께서 나를 형들을 다스리는 자로 부르셨다고 내가 말하지 않았냐?"라고 하지 않았다. 요셉은 오직 은혜로 형들을 받아들이고 겸손히 그들을 섬겼다. 바로 이것이 진정한 리더의 모습이다.

오늘날 교회에는 요셉처럼 선구자가 될 자들이 많다. 이들은 다른 이들은 겪지 않을 극심한 광야를 통과하게 될 것이다. 그러나 일단 이들이 하나님 앞에서 준비가 되면, 하나님은 나머지 사람들을 거친 땅으로 몰아낼 것이다. 사람들은 요셉의 형들이 당한 것 같은 혹독한 일을 당하게 될 것이다. 그러면 리더십이 바뀌게 된다. 이전에 다스리던 자들이 다스림을 받게 된다. 그렇지만 겸손함의 골짜기를 지난 사람들은 하나님의 성품을 닮는다. 섬김을 받으려는 것이 아니라 섬기는 지도자가 될 수 있다. 하나님은 그때 비로소 그들을 높여 주실 것이다. 왜냐하면 하나님께서 마음이 겸손해진 사람들을 신뢰할 수 있게 되었기 때문이다. 하나님은 이들 엘리야의 기름 부음을 받은 자들이 "엘리야의 심령과 능력으로 주 앞에 먼저 와서 아버지의 마음을 자식에게 거스르는 자를 의인의 슬기에 돌아오게 하고 주를 위하여 세운 백성을 준비"(눅 1:17)하게 될 것이라고 말씀하셨다.

주님의 이름을 부르는 자들은 모두 귀 담아 듣기 바란다. 이 세상에서 겸손의 골짜기를 통과하며 낮아지든지, 아니면 종말에 하나님의 영광이 드러날 때에 코가 납작해지든지 둘 중의 하나를 선택하라. 말세에 모든 골짜기는 높아질 것이다. 그리고 모든 높아진 산은 낮아질 것이다.

John Bevere
The Voice of One Crying

✿ *chapter 5*

양의 옷을 입은 이리들

하나님의 심판은 인간들의 기준에 의해서가 아니라, 그분의 의로운 기준에 의해서 행해질 것이다.

> 거짓 선지자들을 삼가라 양의 옷을 입고 너희에게 나아오나 속에는 노략질하는 이리라 그들의 열매로 그들을 알지니 가시나무에서 포도를 또는 엉겅퀴에서 무화과를 따겠느냐 이와 같이 좋은 나무마다 아름다운 열매를 맺고 못된 나무가 나쁜 열매를 맺나니 좋은 나무가 나쁜 열매를 맺을 수 없고 못된 나무가 아름다운 열매를 맺을 수 없느니라 아름다운 열매를 맺지 아니하는 나무마다 찍혀 불에 던져지느니라 이러므로 그들의 열매로 그들을 알리라 마 7:15-20

거짓 예언자를 찾아내기

예수님께서는 거짓 선지자들을 주의하라고 경고하셨다. 성경에서 왜 그렇게도 많이 경고를 할까? 세상에 속임수가 너무 많기 때문이다. 아주 교활하고 교묘하게 사람을 속이므로 알아차리기가 어렵다. 속이는 사람은 이리의 옷이 아니라 양의 옷을 입고 나타난다. 그들은 마치 기독교 신자인 양 말하고 행동한다. 예수님께서는 이러한 말세의 상황을 미리 말씀해 주셨다. "거짓 선지자가 많이 일어나 많은 사람을 미혹하겠으며"(마 24:11). 심지어 택함 받은 자들도 그들의 표적과 기사 때문에 미혹될 것이라고 말씀하셨다.

예수님께서는 예언자의 예언이 들어맞지 않으면 그들이 거짓 예언자라고 말씀하지 않으셨다. 반대로 예언자가 미리 말한 것들이 딱딱 들어맞으면 그 사람이 진짜 예언자라고 말씀하지도 않으셨다. 물론 구약성경에 예언에 관해서 설명한 구절이 나오기는 한다. "만일 선지자가 있어 여호와의 이름으로 말한 일에 증험도 없고 성취함도 없으면 이는 여호와께서 말씀하신 것이 아니요 그 선지자가 제 마음대로 한 말이니 너는 그를 두려워하지 말지니라"(신 18:22). 그러나 진짜와 가짜를 분별해 내는 다른 기준도 있다. 예수님은 그러한 기준을 설정해 주셨다. 예언자가 예언을 했는데 그것이 이루어지지 않았다고 해서 그 사람이 거짓 예언자라고 할 수는 없다.

구약성경에 나오는 발람은 타락한 예언자였으나, 이스라엘에 관하여 정확하게 예언하고 심지어 메시아의 탄생을 예언하기도 했다. 그의 예언적 말은 옳았을지라도 그의 열매는 옳지 않았다. 그래서 예수님은 다음과 같이 말씀하셨다. "그러나 네게 두어 가지 책망할 것이 있나니 거기 네게 발람의 교훈을 지키는 자들이 있도다 발람이 발락을 가르쳐 이스라엘 자손 앞에 걸림돌을 놓아 우상의 제물을 먹게 하였고 또 행음하게 하였느니라"(계 2:14). 발람은 이스라엘을 저주하도록 뇌물과 돈을 받았다. 그러나 하나님의 백성을 저주할 수 없었기에, 이스라엘 백성이 죄를 짓도록 유도하여 저주를 받게 하는 방법을 발락에게 가르쳐 주었다. 그렇게 죄의 구덩이로 유인하여 하나님의 심판을 자초하게 한 것이다. 그 결과 이만 사천 명의 이스라엘 백성이 불순종해서 전염병에 걸려 죽었다(민 23:8). 발람의 예언은 모두 다 들어맞았으나, 그의 열매는 사악했다. 발람은 거짓 예언자였고, '예언자'라고 불렸으나 전쟁 중에 이스라엘의 칼날로 죽임을 당했다. "이스라엘 자손이 그들을 살육하는 중에 브올의 아들 점술가 발람도 칼날로 죽였더라"(수 13:22). 그러므로 구약의 예를 보더라도, 예언이 맞는지의 여부가 거짓 예언자를 구분하는 판단 기준이 될 수 없다. 이제 진짜 예언자와 거짓 예언자를 가려내는 하나님의 정확하고 올바른 기준을 구약에서 좀 더 면밀히 살펴보자.

> 너희 중에 선지자나 꿈 꾸는 자가 일어나서 이적과 기사를 네게 보이고 그가 네게 말한 그 이적과 기사가 이루어지고 너희가 알지 못하던 다른 신들을 우리가 따라 섬기자고 말할지라도 너는 그 선지자나 꿈 꾸는 자의 말을 청종하지 말라 이는 너희의 하나님 여호와께서 너희가 마음을 다하고 뜻을 다하여 너희의 하나님 여호와를 사랑하는 여부를 알려 하사 너희를 시험하심이니라 너희는 너희의 하나님 여호와를 따르며 그를 경외하며 그의 명령을 지키며 그의 목소리를 청종하며 그를 섬기며 그를 의지하며 그런 선지자나 꿈 꾸는 자는 죽이라 이는 그가 너희에게 너희를 애굽 땅에서 인도하여 내시며 종 되었던 집에서 속량하신 너희의 하나

님 여호와를 배반하게 하려 하며 너희의 하나님 여호와께서 네게 행하라 명령하신 도에서 너를 꾀어내려고 말하였음이라 너는 이같이 하여 너희 중에서 악을 제할지니라 신 13:1-5

발람의 삶과 사역의 열매는 이스라엘 백성을 하나님으로부터 멀리 떨어지게 만들었다. 예수님은 정확하게 이 점을 지적하셨다. "이러므로 그들의 열매로 그들을 알리라"(마 7:20). 그러므로 목회자의 삶과 사역의 열매가 그들의 말보다 더 중요하다.

그들의 열매로 그들을 알리라

갈라디아서 5장 22-23절에는 "오직 성령의 열매는 사랑과 희락과 화평과 오래 참음과 자비와 양선과 충성과 온유와 절제니 이같은 것을 금지할 법이 없느니라"고 기록되어 있다. 진정한 예언자라면 그들의 삶에서 이러한 열매가 보여야 한다. 믿는 자들이 서로 사랑하는 모습을 보고 세상은 우리가 예수님의 제자들인 줄 알 것이라고 예수님은 말씀하셨다(요 13:35). 사랑한다는 것은 좋게만 대해 주는 것을 넘어선다. 남을 기분 좋게 해 주려고 어르고 달래면서 거짓말을 하는 사람도 많다. 여자를 황홀하게 대해 줄 것처럼 말하지만, 사실은 성적으로만 이용하려는 남자도 많다. 그러므로 상냥하게 미소 짓고 그럴듯하게 말을 늘어놓는다고 해서 그 사람이 성령의 열매를 맺는 사람이라고 볼 수는 없다. 성경은 "그러므로 우리가 이제부터는 어떤 사람도 육신을 따라 알지 아니하노라"고 말한다(고후 5:16). 우리는 사람의 성격으로 그를 알지 못한다. 성격은 우리를 속일 수 있다. 우리는 영으로 사람을 판단해야 한다. 그러므로 성령의 열매가 분별되어야 한다. 분별한다는 것은 상대방의 동기와 의도를 알아차리는 것이다. 또한 다른 사람의 중심에 들어 있는 것을 보는 것이다. 성경은 영적으로 성숙한 사람에게는 선과 악을 분별하는 감각이 계발된다고 밝힌다(히 5:14). 제대로 분별하기 위해서는 그 동기가 사랑에 기초해야 하며 상대방을 비판하려는 의도로 하면 안 된다. 많은 사람이 선과 악을 분별할 수 있다고 주장하지만, 실제로는 비방만 할 뿐이다. 빌립보서 1장 9절은 "내가 기도하노라 너희 사랑을 지식과 모든 총명(분별력)으로 점점 더 풍성하게 하사"라고 선포한다. 여기에서 진정한 분별력은 사랑에 그 기반을 두어야 한다는 것을 알 수 있다.

예수님께서 "이러므로 그들의 열매로 거짓 선지자를 알리라"고 말씀하셨을 때, 그 의미는 삶의 열매로 그들을 분별할 수 있다는 것이다. 미소 짓는 얼굴 속에 진정한 사랑의 마음이 자리 잡고 있는가, 이기적인 목적이 도사리고 있는가? 진정한 사랑이란 자기의 유익을 구하지 않는 것이다. 진정한 사랑에는 개인적인 이득이나 쾌락의 추구가 없다. 성공, 인정받음, 높은 지위, 재물 취득이 그 동기가 아니다. 사랑의 마음을 가진 사람은 비록 거절당하더라도 진실을 말하고 진리대로 행동한다. 그것이 상대방에게 가장 좋은 것임을 알기 때문이다. 당신이 다른 사람을 진정으로 사랑한다면,

자신의 욕망과 목표를 내려놓고 상대방에게 가장 유익이 되는 일을 하고 싶을 것이다. 그래서 예수님은 "사람이 친구를 위하여 자기 목숨을 버리면 이보다 더 큰 사랑이 없나니"(요 15:13)라고 말씀하셨다. 진정한 예언자라면 그의 삶에서 바로 이 같은 열매가 보일 것이다.

예언자의 개인적인 삶뿐만 아니라 그의 사역에서도 열매가 보여야 한다. 사람들을 하나님께 더 가까이 가도록 인도하는가, 아니면 사람들에게 필요한 말이 아니라 듣기 좋아하는 말만 하면서 사역에 참여시키려고 유도하는가? 하나님의 영으로 탄식한 예레미야 선지자의 울부짖음을 들어 보라. "내가 예루살렘 선지자들 가운데도 가증한 일을 보았나니 그들은 간음을 행하며 거짓을 말하며 악을 행하는 자의 손을 강하게 하여 사람으로 그 악에서 돌이킴이 없게 하였은즉 그들은 다 내 앞에서 소돔과 다름이 없고 그 주민은 고모라와 다름이 없느니라"(렘 23:14). 어떻게 악을 행하는 자를 더 강하게 지원해 줄 수 있을까? 그것은 사람들의 죄악을 지적하는 대신에, 적당하게 그들이 듣기 좋아하는 말만 해줄 때 가능하다. 바로 그러한 일이 오늘날 현대 교회에 발생하고 있다. 목회자들은 진실을 말하면 교인들이 듣고 기분이 나빠서 교회를 떠날까 봐 회개시키는 말을 하지 않는다. 자금의 공급자인 교인들이 떠나는 것을 두려워한다. 그래서 이렇게 속인다. "하나님께서 우리에게 맡기신 사역을 계속 유지하려면 교인들의 십일조와 헌금, 헌신이 필요합니다." 진리에 대해서 적당히 타협하면 결국에 가서는 차지도 뜨겁지도 않은 미지근함만이 남게 된다. 이러한 목회 사역에는 아무도 회개시키지 못하는 열매가 열린다. 아주 명백하게 드러난 죄의 행위와 마음에 품은 악한 생각을 회개하지 않는다. 진실을 말하는 누군가가 와서 설교를 하면 사람들은 그것을 거부한다. "이 설교는 너무 어렵습니다"라고 말하거나 "그 설교자는 사랑이 없는 것 같네요"라고 평한다. 그러나 하나님은 자비가 풍성하신 분이셔서 우리가 회개할 수 있도록 해 주신다.

내가 새롭게 목회 사역을 시작하던 초반에 헌금을 많이 보내 주던 부부가 있었다. 그 부부는 우리 사역을 좋아해서 다른 이들에게 선전해 주기도 했다. 그들은 우리가 자신들이 사는 지역에 와서 집회해 주기를 항상 바랐다. 그러나 한 번은 하나님께서 그들을 교정하는 설교를 하라고 지시를 내리신 적이 있었다. 그들이 자신들의 영향력과 돈으로 교회를 조종하려고 했기 때문이다. 나는 그 부부에게 돈으로 하나님의 교회를 좌지우지하지 말라는 하나님의 뜻을 전달했다. 그들은 나의 말에 무척 기분이 상해서 즉시 나의 사역에 대한 지원을 중단해 버렸다. 그녀의 가족이나 주변 사람들도 나의 사역에 지원하던 자금을 끊어 버렸다. 그러나 나는 돈줄이 끊어지는 것보다 그들이 출석하는 교회와 그들 부부를 위해 진실을 이야기하는 것이 더 중요하다는 확신이 들었다. 두 달 후에 나는 그들에게 편지를 썼다. 내가 이전에 전달한 메시지와 하나님께서 내 마음에 넣어 주신 것들을 덧붙였다. 나는 그들의 돈이나 거절에 대해서 크게 개의치 않았다. 가장 중요한 것은 진리였기 때문이다. 하나님이 당신의 자원이 될 때, 다른 사람들이 돈이나 친분으로 당신을 조종할 수 없게 된다. 선지자 미가를 통해 하나님이 하신 말씀을 들어 보라.

> 내 백성을 유혹하는 선지자들은 이에 물 것이 있으면 평강을 외치나 그 입에 무엇을 채워 주지 아니하는 자에게는 전쟁을 준비하는도다 이런 선지자에 대하여 여호와께서 이르시되 그러므로 너희가 밤을 만나리니 이상을 보지 못할 것이요 어둠을 만나리니 점 치지 못하리라 하셨나니 이 선지자 위에는 해가 져서 낮이 캄캄할 것이라 선견자가 부끄러워하며 술객이 수치를 당하여 다 입술을 가릴 것은 하나님이 응답하지 아니하심이거니와 오직 나는 여호와의 영으로 말미암아 능력과 정의와 용기로 충만해져서 야곱의 허물과 이스라엘의 죄를 그들에게 보이리라 야곱 족속의 우두머리들과 이스라엘 족속의 통치자들 곧 정의를 미워하고 정직한 것을 굽게 하는 자들아 원하노니 이 말을 들을지어다 시온을 피로 예루살렘을 죄악으로 건축하는도다 그들의 우두머리들은 뇌물을 위하여 재판하며 그들의 제사장은 삯을 위하여 교훈하며 그들의 선지자는 돈을 위하여 점을 치면서도 여호와를 의뢰하여 이르기를 여호와께서 우리 중에 계시지 아니하냐 재앙이 우리에게 임하지 아니하리라 하는도다 미 3:5-11

위의 말씀은 오늘날의 교회에서 일어나는 일들을 말해 주는 것 같다. 즉 교회에 헌금을 많이 하는 사람이 하는 행동에 대해서는 무엇이든지 참아 준다는 것이다. 사회적인 지위, 명성이 없거나 가난한 사람이었더라면 조금도 참아 주지 않았을 잘못인데도 말이다. 오히려 그들을 이사회에 올리거나 지정석을 제공하고 특별히 대우한다.

이러한 불공정한 처사에 대해서 야고보는 다음과 같이 말했다. "내 형제들아 영광의 주 곧 우리 주 예수 그리스도에 대한 믿음을 너희가 가졌으니 사람을 차별하여 대하지 말라 만일 너희 회당에 금 가락지를 끼고 아름다운 옷을 입은 사람이 들어오고 또 남루한 옷을 입은 가난한 사람이 들어올 때에 너희가 아름다운 옷을 입은 자를 눈여겨 보고 말하되 여기 좋은 자리에 앉으소서 하고 또 가난한 자에게 말하되 너는 거기 서 있든지 내 발등상 아래에 앉으라 하면 너희끼리 서로 차별하며 악한 생각으로 판단하는 자가 되는 것이 아니냐"(약 2:1-4).

안타깝게도 오늘날 현대교회에서는 돈이 최고의 영향력을 행사한다. 부자에게 특별한 관심을 둔다. '헌금을 많이 하는 사람'에게 교회의 상석을 주고 직책을 맡긴다. 왜 그렇게 하는가? 그들에게 계속 헌금을 얻어 내고, 그들이 다른 일에 돈을 내지 못하게 하려는 것이다. 사역자는 더 이상 '성령'의 지시를 받지 않고 헌금을 많이 내는 '사람'들에 의해서 조종된다. 그러다 보면 헌금을 많이 내는 사람들의 죄악은 지적하지 않고, 그들을 합리화시켜 준다. 물론 기부자에게 상석과 직책을 부여하는 일이 모두 돈을 끌어들이려는 목적만 가진 것은 아니다. 그러나 공평성이 깨지면 안 된다. 한 달에 천만 원을 드리는 사람이나, 한 달에 천 원을 드리는 사람에게 동일한 찬사가 주어져야 한다. 주님은 동전 두 개를 헌금함에 넣는 과부를 보시고 가장 많이 헌금했다고 칭찬하셨다. 이러한 판단 기준으로 사람들을 대한다면 교회는 상당히 달라질 것이다.

부자나 권세 있는 자에게 뇌물을 받지 말라고 하나님은 늘 경고하신다. "너는 뇌물을 받지 말라 뇌물은 밝은 자의 눈을 어둡게 하고 의로운 자의 말을 굽게 하느니라"(출 23:8). 사역자가 돈 있고 권세 있는 사람을 더 우대하고 그렇지 못한 사람을 무시하기 시작하면, 바른 분별력을 잃어버리는 지경에 이른다. 사랑이 아니라 이기적인 욕심이 그 동기가 되기에 분별력이 흐려지는 것이다. 그 순간부터 하나님의 말씀은 빗나가고 목회 사역은 사양길로 치닫는다. 많은 재물로 인하여 잠시 왕성하게 될는지는 몰라도, 성령의 기름 부음은 점점 줄어들 것이다. 물론 하나님의 기름 부음이 멈추지는 않을 것이다. 그 이유는 "하나님의 은사와 부르심에는 후회하심이 없느니라"와 같이 하나님은 기름 부음과 부르심을 철회하지 않으시기 때문이다(롬 11:29). 어떤 사역자는 삶이 완전히 타락했는데도 하나님의 능력과 기름 부음 안에서 여전히 사역하는 것도 같은 이치다.

미가는 진정으로 백성을 사랑했던 선지자다. 미가는 돈줄이 되는 사람에게 평안하라고 축복해 주는 예언자는 주님에게서 아무런 대답도 듣지 못할 것이라고 밝혔다. 그러한 예언자의 말은 하나님에게서 오는 말씀인 것처럼 들리지만, 사실은 하나님의 말씀이 아니다. 미가는 자신이 진정한 하나님의 말씀을 전하면 핍박을 받을 것을 미리 알았지만, 그래도 담대하게 하나님의 말씀을 전했다. 미가는 하나님의 능력과 성령으로 충만했다. 그렇기 때문에 미가는 사람들을 꾸짖고, 올바로 고쳐 주고, 권면할 수 있었다. 사역의 이익을 넘어서서 하나님의 말씀을 바로 전할 수 있었다. 미가는 하나님의 말씀으로 사람들의 죄를 지적해 주고 그들로 회개할 수 있도록 해 주었다. 사람들에게 받아들여지기 위해 부드러운 말로 둘러대지 않았으며, 듣는 자가 기분 좋게 받아들이든지 기분 나빠하며 거절해 버리든지 간에 오직 하나님의 말씀만 전했다.

이제 하나님은 하나님의 말씀을 전할 세대를 일으키신다. 비록 사람들 사이에서는 별로 인기 없는 메시지일지라도, 하나님의 말씀이라면 담대히 전하는 세대들이다. 이들은 오랫동안 사역을 한 사람 중에서 일어나기도 하고 신출내기 사역자 중에서 나타나기도 할 것이다. 그들은 개인적인 생활에서도 성령의 열매를 맺는 사람들이다. 그들의 삶과 사역의 동기는 오직 사랑이 될 것이다. 그래서 그들은 오직 순수한 사랑으로 사람들을 사랑할 것이다. 그들의 목표는 사역이나 은사가 아니라 하나님의 마음에 도달하는 것이다. 그들은 다음 말씀의 참뜻을 진정으로 아는 사람들이다. "내가 사람의 방언과 천사의 말을 할지라도 사랑이 없으면 소리 나는 구리와 울리는 꽹과리가 되고 내가 예언하는 능력이 있어 모든 비밀과 모든 지식을 알고 또 산을 옮길 만한 모든 믿음이 있을지라도 사랑이 없으면 내가 아무 것도 아니요 내가 내게 있는 모든 것으로 구제하고 또 내 몸을 불사르게 내줄지라도 사랑이 없으면 내게 아무 유익이 없느니라"(고전 13:1-3). 그들은 "사랑을 추구하며 신령한 것들을 사모하되 특별히 예언을 하려고 하라"(고전 14:1)는 말씀을 이루는 자들이 될 것이다.

신약성경에는 거짓 사도와 속이는 형제 자매에 대한 언급이 나온다. "그런 사람들은 거짓 사도요 속이는 일꾼이니 자기를 그리스도의 사도로 가장하는 자들이니라"(고후 11:13). 그들은 자신들의 삶의 열매와 사역의 결과에 따라서 심판을 받게 될 것이다. 사람들을 어디로 이끌어 가느냐가 중요하다. 하나님의 목적과 계획으로 데려가는가, 아니면 자신의 사역으로 끌어들이는가? 진정한 사도인 바울은 디모데에게 다음과 같이 권면했다. "나의 교훈과 행실과 의향과 믿음과 오래 참음과 사랑과 인내와 박해를 받음과 고난"(딤후 3:10)을 본받으라. 바울의 사역에 수많은 기적과 성령의 은사가 강물같이 흘러넘쳤지만, 바울은 디모데에게 기적이나 표적이 아닌 성령의 열매를 따르라고 권면했다. 예수님은 이에 대해 아주 명확하게 말씀하셨다. "너희가 서로 사랑하면 이로써 모든 사람이 너희가 내 제자인 줄 알리라"(요 13:35).

그러므로 진짜 예언자와 사도, 형제인지 알고 싶으면 그 사람이 행하는 기적이나 기름 부음을 보지 말고, 그 사람의 개인적인 삶이나 오랜 시간이 흐른 후에 거두어지는 사역의 열매를 보아야 한다.

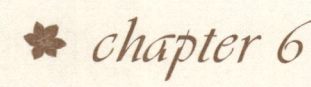 *chapter 6*

내가 너희를 도무지 알지 못하니
내게서 떠나가라

 못하는 다수의 무리는 과연 누구인가?

> 거짓 선지자들을 삼가라 양의 옷을 입고 너희에게 나아오나 속에는 노략질하는 이리라 그들의 열매로 그들을 알지니 가시나무에서 포도를, 또는 엉겅퀴에서 무화과를 따겠느냐 이와 같이 좋은 나무마다 아름다운 열매를 맺고 못된 나무가 나쁜 열매를 맺나니 좋은 나무가 나쁜 열매를 맺을 수 없고 못된 나무가 아름다운 열매를 맺을 수 없느니라 아름다운 열매를 맺지 아니하는 나무마다 찍혀 불에 던져지느니라 이러므로 그들의 열매로 그들을 알리라 나더러 주여 주여 하는 자마다 다 천국에 들어갈 것이 아니요 다만 하늘에 계신 내 아버지의 뜻대로 행하는 자라야 들어가리라 그 날에 많은 사람이 나더러 이르되 주여 주여 우리가 주의 이름으로 선지자 노릇 하며 주의 이름으로 귀신을 쫓아 내며 주의 이름으로 많은 권능을 행하지 아니하였나이까 하리니 그 때에 내가 그들에게 밝히 말하되 내가 너희를 도무지 알지 못하니 불법을 행하는 자들아 내게서 떠나가라 하리라 마 7:15-23

"그날에 많은 사람이 나더러 이르되"

거짓 선지자는 그 열매로 안다고 예수님은 분명히 말씀하셨다. 앞 장에서 살펴본 대로 그들의 사역과 개인적인 생활에 나타나는 열매를 보고 안다는 것이다. 여기에서 말하는 열매라는 것은 표적과 이사, 기적을 말하는 것이 아니다. 예수님의 이름으로 기적을 행하고, 귀신을 내쫓으며, 예언을 한다고 해서 예수님께 환영받는 것은 아니다. 진짜 열매는 주의 뜻에 얼마나 순종하느냐 하는 것과 관련이 있다. 그래서 주께서는 "나더러 주여 주여 하는 자마다 다 천국에 들어갈 것이 아니요 다만 하늘에 계신 내 아버지의 뜻대로 행하는 자라야 들어가리라"(마 7:21)고 말씀하신 것이다.

거짓 선지자는 많은 사람을 미혹하고 그릇된 길로 인도할 것이다. 그리고 자신도 스스로에게 속을 것이다. 왜냐하면 하나님의 말씀을 전하거나 듣기만 하지 자신은 하나님의 말씀이나 뜻을 행하지 않는 자이기 때문이다. "너희는 말씀을 행하는 자가 되고 듣기만 하여 자신을 속이는 자가 되지 말라"(약 1:22). 그들은 자신이 하는 말을 통해 천국에 들어갈 줄로 착각한다. 바울은 디모데에게 "악한 사람들과 속이는 자들은 더욱 악하여져서 속이기도 하고 속기도 하나니"(딤후 3:13)라고 하였다. "속이는 자"는 겉은 그럴듯하게 꾸며서 사람들을 혹하게 만든다. 예수 그리스도의 참된 사역자인 것처럼 꾸미지만, 실상은 양의 가죽을 쓴 이리들이다. 그들은 스스로도 속고 다른 사람들도 속인다. 즉 소경이 소경을 인도하다가 모두 구덩이에 빠지는 꼴이다.

예수님께서는 그날에 많은 사람이 "주여!" 하면서 오지만, 천국에 들어가지는 못할 것이라고 말씀하셨다. 이들은 거짓 선지자들에게 속은 사람이다. 예수님의 예언의 말씀을 들어 보라.

> 거짓 선지자가 많이 일어나 많은 사람을 미혹하겠으며 불법이 성하므로 많은 사람의 사랑이 식어지리라 마 24:11-12

천국에 들어가지 못하는 그 많은 무리는 과연 누구인가? 그들은 불교인, 회교도, 아니면 마술 숭배와 사이비 종교에 속한 사람들인가? 그 대답은 명백하게 "아니다"이다. 모하데드나 부처의 이름으로, 혹은 사탄의 능력으로 행하는 자가 아니다. 예수님께서는 "만일 사탄이 사탄을 쫓아내면 스스로 분쟁하는 것이니 그리하고야 어떻게 그의 나라가 서겠느냐"(마 12:26)고 말씀하셨다. 사탄은 절대로 사탄을 쫓아내지 않는다. 마지막 심판대에 설 그 많은 사람은 예수님의 이름으로 사탄을 쫓아냈던 사람들이다. 그러므로 그들은 사탄에게 사로잡힌 사이비 종교나 타종교의 신도가 아니다.

그렇다면 예수님의 이름으로 기적을 행하고 귀신을 내쫓는 권세를 보였던 사람 중에 예수님의 진짜 제자가 아닌 사람들도 있다는 말인가? 그 해답은 사도행전에서 찾을 수 있다.

> 이에 돌아다니며 마술하는 어떤 유대인들이 시험삼아 악귀 들린 자들에게 주 예수의 이름을 불러 말하되 내가 바울이 전파하는 예수를 의지하여 너희에게 명하노라 하더라 유대의 한 제사장 스게와의 일곱 아들도 이 일을 행하더니 악귀가 대답하여 이르되 내가 예수도 알고 바울도 알거니와 너희는 누구냐 하며 악귀 들린 사람이 그들에게 뛰어올라 눌러 이기니 그들이 상하여 벗은

> 몸으로 그 집에서 도망하는지라 에베소에 사는 유대인과 헬라인들이 다 이 일을 알고 두려워하며 주 예수의 이름을 높이고 행 19: 13-17

귀신을 내쫓으려면 하나님의 이름만 가지고서는 안 된다. 그 이름을 지니신 분을 알아야만 한다. 그런데 도대체 천국에 들어가지 못하는 가짜 신도들은 누구인가? 그 대답은 말세에 있을 일을 기록한 마태복음 24장에 있다.

> 거짓 선지자가 많이 일어나 많은 사람을 미혹하겠으며 불법이 성하므로 많은 사람의 사랑이 식어지리라 마 24:11-12

"많은 사람의 사랑이 식어지리라!" 여기에서 "사랑"이라는 단어의 헬라어는 '아가페'다. 아가페는 신적인 사랑으로 우리를 사랑하시는 하나님의 사랑을 뜻한다. 신약성경에서는 사랑을 표현하는 여러 단어가 있다. 예수님은 주님을 영접하는 사람의 마음속에서 아가페의 사랑이 샘솟듯 솟아나와 흘러넘친다고 말씀하셨다. 세상이나 예수님을 믿지 않는 자들은 이러한 종류의 사랑을 모른다. 사실 거짓 예언자에게 속는 사람은 교회에 다니지 않는 사람이 아니다.

왜 그들 속에서 하나님의 사랑이 식어지는가? 그 이유는 불법이 성하기 때문이다. 말세에 예수님께 구원을 요구하며 나아오는 이 많은 사람에게 예수님은 뭐라고 말씀하시겠는가? "내가 너희를 도무지 알지 못하니 불법을 행하는 자들아 내게서 떠나가라."

하루는 하나님께서 나에게 생생한 환상을 보여 주셨다. 수많은 사람이, 작은 무리가 아닌 수없이 많은 사람이 진주 문 앞으로 나아가면서 예수님에게 "주님의 기쁨 안으로 들어오라"는 말을 들으려고 기대하는 모습이 보였다. 그러나 그들은 "불법을 행하는 자들아 내게서 떠나가라!"는 실망스러운 말을 들었다. 얼마나 비극적인 장면인가! 이들은 속고 있었기에, 예수님을 '주'라고 부르고 그분의 이름으로 기적도 행했지만 정작 하늘 왕국의 문 앞에서 거절당했다. 그 환상에서 그들은 교회에 출석하며, 성령의 은사를 받았다고 하는 사람들이었다.

혹자는 이렇게 물을 것이다. "예수님께서는 그들을 도무지 알지 못한다고 하셨는데, 그런데도 어떻게 그들이 주님의 이름으로 귀신을 내쫓고 기적을 행할 수 있었단 말인가?"

여기에는 두 부류의 사람이 있다. 한 무리는 이기적인 동기로 구원의 유익을 얻기 위해 예수님께 동참하는 자들이다. 그들은 오직 하나님의 능력과 축복을 구할 따름이다. 자신의 유익을 위해서만 하나님을 찾기에, 하나님에 대한 봉사도 사랑이 그 동기가 아니고 전적으로 자기중심적이다. 다음 성경 구절을 여러 번 반복해서 읽어 보라. "또 누구든지 하나님을 사랑하면 그 사람은 하나님도 알아주시느니라"(고전 8:3). 예수님께서는 어떤 신자들에게 "내가 너희를 도무지 알지 못한다"라고 말씀하셨다. 그러므로 하나님을 사랑하지 않는 사람은 하나님에게 알려지지도 않는다. 말로는 하나님을 사랑한다고 하지만 마음으로는 하나님을 사랑하지 않는 자들이 많다. 말은 그럴싸하게 하지만 그들의 행함을 보면 사랑이 부족함을 확연히 알 수 있다. 하나님을 사랑한다는 것은 그분 앞에 자신의 삶을 내려놓는 것이다. 하나님을 진정으로 사랑하는 사람은 더 이상 자기 자신을 위해 살지 않고 하나님을 위해서 산다.

예수님을 판 유다는 예수님을 따르던 사람이었다. 예수님을 따르기 위해 엄청난 희생을 치르며 하나님을 사랑하는 것처럼 보였다. 모든 것을 버리고 예수님을 따르는 사람처럼 보였다. 유다는 많은 박해와 고통을 받으면서도 예수님을 떠나지 않았다. 그는 귀신을 내쫓고, 병자를 고치고, 복음을 전했다. 그러한 유다의 이야기는 성경에 기록되어 있다. 하지만 유다의 동기는 처음부터 올바르지 않았다. 그는 자신의 이기적인 목적을 회개한 적이 없다. 그는 이득을 얻기 위해서라면 아첨을 떨고 거짓말까지 했다. "예수를 파는 유다가 대답하여 이르되 랍비여 나는 아니지요 대답하시되 네가 말하였도다 하시니라"(마 26:25). 그는 예수님의 사역에 사용되는 공금을 횡령해서 자신의 개인적인 일에 사용했다(요 12:4-6). 유다는 몇 년 동안 예수님을 따라다녔지만 예수님이 누구이신지 전혀 알지 못했다.

사역을 위해 크게 희생하지만 결국은 유다와 같은 길을 걷는 사람이 많다. 귀신을 내쫓고, 병자를 치유하고, 복음을 전파하지만, 그들은 하나님을 알지 못한다. 하나님을 사랑해서가 아니라 이기적인 동기로 그 모든 것을 행했기 때문이다.

예수님에게 "내가 너희를 도무지 알지 못하니 불법을 행하는 자들아 내게서 떠나가라!"는 말을 들을 만한 두 번째 부류의 사람들은 죄로 찌든 사람이다. 그들은 죄로 말미암아 예수님을 영원히 저버렸다(마 24:11-12). 그들은 계속해서 죄를 범했기에 결국 하나님을 향한 사랑과는 멀어졌다. 에스겔을 통해 하나님이 하신 말씀을 들어 보라.

> 만일 의인이 돌이켜 그 공의에서 떠나 범죄하고 악인이 행하는 모든 가증한 일대로 행하면 살겠느냐 그가 행한 공의로운 일은 하나도 기억함이 되지 아니하리니 그가 그 범한 허물과 그 지은 죄로 죽으리라 겔 18:24

하나님은 의인이 돌이켜 악인처럼 행할 때 그가 행한 모든 의로운 일을 하나도 기억하지 않을 것이라고 경고하셨다. 마치 발생하지도 않은 일처럼 여기신다는 의미다. 우리는 하나님께서 우리 죄를 잊어버리시되 새까맣게 잊어버리신다고 이야기하곤 한다. 하나님은 우리의 죄를 더 이상 기억하지 않으신다. 사탄은 우리 죄를 끊임없이 고발하지만 하나님은 하나도 기억하지 않으신다고 말씀하신다. 그래서 우리가 마치 죄를 짓지 않은 것처럼 여겨 주신다는 것이다. 그러나 그 반대의 일도 발생한다. 하나님께서 우리의 의를 기억하지 않으신다고 말씀하실 때는 한때 우리를 알았던 것조차

잊으시리라는 뜻이다. 그래서 예수님이 "나는 너를 도무지 알지 못한다"라고 말씀하시게 되는 것이다.

한 번 구원은 영원한 구원인가?

한 번 구원받으면 그 구원을 잃어버릴 수 없다는 그릇된 교리가 교회에 만연하다. 신약과 구약성경을 통해 면밀히 살펴보자.

> 내 형제들아 너희 중에 미혹되어 진리를 떠난 자를 누가 돌아서게 하면 너희가 알 것은 죄인을 미혹된 길에서 돌아서게 하는 자가 그의 영혼을 사망에서 구원할 것이며 허다한 죄를 덮을 것임이라 약 5:19-20

"형제"는 기독교인을 지칭한다. 이 구절은 기독교인 중에서 진리에서 벗어난 자들에 대해서 하는 말이다. 그런데 야고보는 진리에서 벗어나 방황하는 형제를 "죄인"이라고 칭한다. 결국 그가 다시 하나님께로 돌이키지 않는다면 그의 영혼은 멸망할 것이다. 구약의 잠언도 비슷한 말씀을 전한다.

> 명철의 길을 떠난 사람은 사망의 회중에 거하리라 잠 21:16

잠언에서 하고자 하는 말은 진리에서 떠나 방황하는 자가 다시 의의 길로 돌이키지 아니하면 결국 마지막에 도달하는 곳이 "사망의 회중"이라는 것이다. 여기에서 사망의 회중은 하데스 내지는 지옥을 가리킨다. 베드로는 이러한 상황을 가장 자세히 설명한다.

> 만일 그들이 우리 주되신 구주 예수 그리스도를 앎으로 세상의 더러움을 피한 후에 다시 그중에 얽매이고 지면 그 나중 형편이 처음보다 더 심하리니 의의 도를 안 후에 받은 거룩한 명령을 저버리는 것보다 알지 못하는 것이 도리어 그들에게 나으니라 참된 속담에 이르기를 개가 그 토하였던 것에 돌아가고 돼지가 씻었다가 더러운 구덩이에 도로 누웠다 하는 말이 그들에게 응하였도다
> 벧후 2:20-22

베드로는 예수 그리스도를 아는 지식으로 말미암아 세상의 더러움에서 한 번 빠져나왔으나, 다시 세상에 얽매여 세상에 의해 정복당한 교인에 대해 말하고 있다. 차라리 처음부터 의의 길을 알지 못했더라면 그들에게 더 나았을 것이라고 밝힌다. 베드로에게 주신 통찰을 통해 하나님은 우리에게 의미심장한 이야기를 하고 계신다. 즉, 영원한 생명을 선물로 받았지만 다시 영원히 돌아서 버리느니 차라리 아예 처음부터 구원받지 않은 것이 더 나을 수도 있다는 것이다. 이는 에스겔이 한 말과 일맥상통한다. "그가 행한 공의로운 일은 하나도 기억함이 되지 아니하리니 그가 그 범한 허물과 그 지은 죄로 죽으리라"(겔 18:24).

왜 처음부터 의의 길을 알지 못했던 것이 더 나은가? 그 이유는 유다가 말한 대로 "…영원히 예비된 캄캄한 흑암으로 돌아갈 유리하는 별들이" 되기 때문이다(유 1:13). "캄캄한 흑암"은 가중 처벌을 받는다는 뜻이다. 예수님의 말씀을 들어 보라.

> 주인의 뜻을 알고도 준비하지 아니하고 그 뜻대로 행하지 아니한 종은 많이 맞을 것이요 알지 못하고 맞을 일을 행한 종은 적게 맞으리라 무릇 많이 받은 자에게는 많이 요구할 것이요 많이 맡은 자에게는 많이 달라 할 것이니라 눅 12:47-48

유다서에서는 가중처벌을 받는 사람에 대해서 "죽고 또 죽는다"고 표현한다(유 1:12-13). 첫 죽음은 구원자이신 예수님 없이 죽었던 것을 뜻하고, 그 다음에는 예수님을 영접했다가 다시 예수님을 떠남으로 인하여 영원히 죽게 된다는 뜻이다.

신약성경의 많은 구절이 이러한 영적인 진리를 지지한다. 많은 사람이 속고 있다. 단지 예수님을 구세주로 고백하기만 하면, 이 세상에서 자신이 원하는 방식대로 살더라도 여전히 구원받은 것이라고 말이다. 이들도 자신들의 교리를 지지해 주는 성경 말씀을 인용한다. 예를 들어 "그가 친히 말씀하시기를 내가 과연 너희를 버리지 아니하고 과연 너희를 떠나지 아니하리라" 하는 말씀이다(히 13:5). 하나님은 우리를 떠나지 않으실 것이다. 하지만 우리가 절대로 하나님을 떠나지 않을 것이라고 말씀하지는 않으셨다. 디모데

후서 2장 12절은 "우리가 주를 부인하면 주도 우리를 부인하실 것이라"라고 분명히 선포한다. 사람들은 말로만 예수님을 부인하는 것이 아니라 행위로도 예수님을 부인할 수 있다. 사실 행동이 말보다 더 큰 의미다. "그들이 하나님을 시인하나 행위로는 부인하니 가증한 자요 복종하지 아니하는 자요 모든 선한 일을 버리는 자니라"(딛 1:16). 말로는 예수님을 믿는다고 하면서 행위로는 예수님을 부인하는 경우가 얼마나 많은가!

야고보는 다음과 같은 말을 남겼다. "내 형제들아 만일 사람이 믿음이 있노라 하고 행함이 없으면 무슨 유익이 있으리요 그 믿음이 능히 자기를 구원하겠느냐"(약 2:14). 한때 예수님을 믿고 영접하는 기도를 드렸다고 해도, 그러한 신앙 고백을 뒷받침해 줄 변화된 행위가 하나도 없는데도 그것으로 구원받을 수 있겠는가? 야고보 사도는 계속해서 말한다. "어떤 사람은 말하기를 너는 믿음이 있고 나는 행함이 있으니 행함이 없는 네 믿음을 내게 보이라 나는 행함으로 내 믿음을 네게 보이리라 하리라"(약 2:18). 야고보는 '행위가 말보다 더 크고 정확하다'고 역설한다. 이는 예수님이 하신 말씀과 일맥상통한다. "이러므로 그들의 열매로 그들을 알리라"(마 7:20). 그들의 열매를 어떻게 알 수 있을까? 그들의 동기가 이기적인 야망인가, 아니면 예수님을 따르기 위해 그들의 삶을 다 내려놓았는가?

하나님께서 나에게 맡겨 주신 이러한 메시지를 전하면 어떤 사람들은 흥분하면서 이의를 제기하곤 한다. "저는 한 번 구원받은 사람은 영원히 구원받은 것이라고 생각합니다." 그러면 나는 이렇게 대답한다. "당신이 진정으로 예수님을 사랑한다면, 당신은 당신의 생각이나 말, 행동에서 예수님을 부인하지 않을 것입니다."

요한은 "나의 자녀들아 내가 이것을 너희에게 씀은 너희로 죄를 범하지 않게 하려 함이라 만일 누가 죄를 범하여도 아버지 앞에서 우리에게 대언자가 있으니 곧 의로우신 예수 그리스도시라"고 말했다(요일 2:1). 하나님을 사랑하는 사람들은 죄를 지으려는 목적으로 행동하지 않는다. 그것은 당연한 일이다. 그러나 혹시라도 죄를 범했다면 아버지 앞에서 대언자를 통해 죄를 자백한다. 대언자는 바로 의로우신 예수 그리스도이시다. 요한은 이렇게 말하지 않았다. "나의 자녀들아. 너희는 죄를 범해도 된다. 너희가 언제라도 죄를 범하면…"

유다는 하나님의 영으로 우리에게 이렇게 경고했다. "사랑하는 자들아 우리가 일반으로 받은 구원에 관하여 내가 너희에게 편지하려는 생각이 간절하던 차에 성도에게 단번에 주신 믿음의 도를 위하여 힘써 싸우라는 편지로 너희를 권하여야 할 필요를 느꼈노니(유 1:3). 사람들이 교회로 가만히 들어와서 하나님의 은혜를 이기적인 욕망을 채우는 수단으로 바꾸고 탐욕적이고 반역적인 방법으로 주 예수 그리스도를 부인할 것이다. 믿음을 지키려면 우리는 어떻게 싸워야 하는가? 유다는 "사랑하는 자들아 너희는 너희의 지극히 거룩한 믿음 위에 자신을 세우며 성령으로 기도하며 하나님의 사랑 안에서 자신을 지키며…"(유 1:20-21)라고 대답한다. 죄의 속임 때문에 당신의 사랑이 식어지도록 내버려 두지 마라. 하나님을 사랑하는 마음을 지킴으로써 믿음을 위해 힘써 싸워라. 비록 주변 사람들이 기독교인이라고 말하면서도 여전히 탐욕적이고 반역적인 삶을 산다고 해도 개의치 마라. 그들의 위선의 누룩이 당신의 마음과 생각 속으로 침투하지 못하게 하라.

하나님의 사랑 안에서 우리를 지키라는 말씀은 그렇게 하지 않으면 주님이 우리를 잊을 수도 있다는 뜻이다. 그러면 마지막 심판 때에 예수님에게서 "나를 떠나라"는 말을 듣게 될 것이다.

당신이 진정으로 하나님을 사랑한다면, 하나님의 명령을 지키는 데 아무런 문제가 없을 것이다. 하나님을 섬기는 것이 의무가 되면, 우리는 법적인 관계로 들어가게 되고 그러면 그분의 명령을 지키기가 어려워진다. 우리는 하나님께 인정을 받기 위해 하나님을 섬기는 것은 아니다. 우리가 하나님을 섬기는 이유는 하나님을 사랑하기 때문이다. 교회에 썩은 누룩이 있을지라도, 하나님을 계속해서 사랑하는 비결을 유다는 이렇게 제시한다. "하나님의 사랑 안에서 자기를 지키며 영생에 이르도록 우리 주 예수 그리스도의 긍휼을 기다리라"(유 1: 21). 성도는 매 순간 주님을 바라보아야 한다. 오직 주님만을 바라고 주님께서 자신을 더욱더 드러내 주시기를 계속해서 구해야 한다. 왜냐하면 "주를 향하여 이 소망을 가진 자마다 그의 깨끗하심과 같이 자기를 깨끗하게"(요일 3:3) 하기 때문이다.

주인이 와서 깨어 있는 것을 보면 그 종들은 복이 있으리로다 내가 진실로 너희에게 이르노니 주인이 띠를 띠고 그 종들을 자리에 앉히고 나아와 수종들리라 주인이 혹 이경에나 혹 삼경에 이르러서도 종들이 그같이 하고 있는 것을 보면 그 종들은 복이 있으리로다 너희도 아는 바니 집 주인이 만일 도둑이 어느 때에 이를 줄 알았더라면 그 집을 뚫지 못하게 하였으리라 그러므로 너희도 준비하고 있으라 생각하지 않은 때에 인자가 오리라 하시니라 베드로가 여짜오되 주께서 이 비유를 우리에게 하심이니이까 모든 사람에게 하심이니이까 주께서 이르시되 지혜 있고 진실한 청지기가 되어 주인에게 그 집 종들을 맡아 때를 따라 양식을 나누어 줄 자가 누구냐 주인이 이를 때에 그 종이 그렇게 하는 것을 보면 그 종은 복이 있으리로다 내가 참으로 너희에게 이르노니 주인이 그 모든 소유를 그에게 맡기리라 만일 그 종이 마음에 생각하기를 주인이 더디 오리라 하여 남녀 종들을 때리며 먹고 마시고 취하게 되면 생각하지 않은 날 알지 못하는 시각에 그 종의 주인이 이르러 엄히 때리고 신실하지 아니한 자의 받는 벌에 처하리니 주인의 뜻을 알고도 준비하지 아니하고 그 뜻대로 행하지 아니한 종은 많이 맞을 것이요 알지 못하고 맞을 일을 행한 종은 적게 맞으리라 무릇 많이 받은 자에게는 많이 요구할 것이요 많이 맡은 자에게는 많이 달라 할 것이니라 눅 12:37-48

유다서에 결론적으로 기록된 약속의 말씀은 내가 개인적으로 가장 좋아하는 성경 구절 중 하나다. 하나님의 사랑 안에서 자신을 지키며 오직 예수님의 재림을 사모하는 성도들에게 유다는 다음과 같이 말한다.

> 능히 너희를 보호하사 거침이 없게 하시고 너희로 그 영광 앞에 흠이 없이 기쁨으로 서게 하실 이 곧 우리 구주 홀로 하나이신 하나님께 우리 주 예수 그리스도로 말미암아 영광과 위엄과 권력과 권세가 영원 전부터 이제와 영원토록 있을지어다 아멘 유 1:24-25

하나님은 우리가 넘어지지 않게 보호해 주신다. 그리고 그분의 영광이 나타나실 때에 밝은 빛 앞에서 아무 흠도 없이 기쁨으로 드러나게 인도해 주신다. 하나님을 사랑하는 모든 신실한 성도들은 이 말씀을 통해 위로받기 바란다. 하나님을 사랑하고 그분만을 바라는 사람들은 하나님께서 아무 흠도 점도 없이 보호해 주실 것이다. 진실로 하나님을 섬기는 자들은 하나님의 은혜로 말미암아 중도에 넘어지지 않을 것이다.

John Bevere
The Voice of One Crying

chapter 7

진짜 회개와 가짜 회개

하나님은 저를 조성해 내는 악한 성품 자체를 회개하라고 하신다.

> 나더러 주여 주여 하는 자마다 다 천국에 들어갈 것이 아니요 다만 하늘에 계신 내 아버지의 뜻대로 행하는 자라야 들어가리라 그 날에 많은 사람이 나더러 이르되 주여 주여 우리가 주의 이름으로 선지자 노릇하며 주의 이름으로 귀신을 쫓아내며 주의 이름으로 많은 권능을 행하지 아니하였나이까 하리니 그 때에 내가 그들에게 밝히 말하되 내가 너희를 도무지 알지 못하니 불법을 행하는 자들아 내게서 떠나가라 하리라 마 7:21-23

불법을 행함

"내가 그들에게 밝히 말하되 내가 너희를 도무지 알지 못하니 불법을 행하는 자들아 내게서 떠나가라"고 예수님은 말씀하셨다. 이 구절에서 핵심 단어는 "행하는"이다. 요한일서 3장 4-8절은 "죄를 짓는 자마다 불법을 행하나니 죄는 불법이라 그가 우리 죄를 없애려고 나타나신 것을 너희가 아나니 그에게는 죄가 없느니라 그 안에 거하는 자마다 범죄하지 아니하나니 범죄하는 자마다 그를 보지도 못하였고 그를 알지도 못하였느니라 자녀들아 아무도 너희를 미혹하지 못하게 하라 의를 행하는 자는 그의 의로우심과 같이 의롭고 죄를 짓는 자는 마귀에게 속하나니 마귀는 처음부터 범죄함이라 하나님의 아들이 나타나신 것은 마귀의 일을 멸하려 하심이라"고 밝힌다.

아래 성경 구절에서 육체의 일에 대해서 기록한 것을 자세히 읽어 보라.

> 육체의 일은 분명하니 곧 음행과 더러운 것과 호색과 우상 숭배와 주술과 원수 맺는 것과 분쟁과 시기와 분냄과 당 짓는 것과 분열함과 이단과 투기와 술 취함과 방탕함과 또 그와 같은 것들이라 전에 너희에게 경계한 것 같이 경계하노니 이런 일을 하는 자들은 하나님의 나라를 유업으로 받지 못할 것이요 갈 5:19-21

이제 "불법을 행하는 자", "범죄하는 자", 그리고 "이런 일을 하는 자"에서 사용된 '행한다'(practice)에 관한 정의는 '자주 혹은 규칙적으로 무엇을 하다, 배우려고 자주 무엇을 하다, 반복적으로 배우다, 습관적으로 하다'이다. 죄를 범한다는 것은 죄책감 없이 죄를 습관적으로 반복한다는 것을 의미한다. 그러면서 죄 짓는 것을 합리화시킨다. "글쎄요. 그것은 저의 연약함일 뿐입니다. 사실 우리 교회에 나보다 더 부족한 사람도 많아요. 하나님께서 그들도 봐 주시는데, 나도 용서해 주실 겁니다. 세상에 완벽한 사람은 없잖아요. 나도 꽤 괜찮은 사람이에요." 그러나 여기서 문제는 참된 회개가 빠졌다는 것이다. 하나님의 마음을 아프게 한 것에 대해서 전혀 죄송스러워하지 않는다.

교회에서 우리는 죄의 범주를 정한다. 동성연애, 간통, 술 취함 같은 것을 하나로 묶고, 증오, 다툼, 험담 같은 것을 다른 부류로 분류한다. 그리고 전자의 죄를 범하는 자는 지옥으로 갈 것처럼 여기고, 후자의 죄를 범하는 사람은 단지 믿음이 약하다고 간주한다. 그러나 이러한 판단은 자기 의에서 나오는 종교적 거짓말이다. 하나님은 죄를 구별하지 않으신다. 하나님에게 있어서 죄는 그냥 죄일 따름이다. 이런 일을 하는 자들은 모두 하나님의 나라에 들어가지 못할 것이라고 선포하셨다. 하나님은 험담, 말다툼, 증오, 질투, 분노 폭발, 이기적인 야망 등도 살인이나 간통, 술 취함과 동일한 죄로 취급하신다. 사람들이 이를 안다면 험담이나 증오, 질투 같은 죄에 그토록 빨리 굴복하거나 그 죄를 변명하려고 하지 않을 것이다. (기독교인이라고 고백하는) 사람들이 죄를 참아 주거나 행하는 것은 스스로 속는 일이다.

이러한 사고방식은 판단하는 마음에서 비롯되었다. 그래서 동성연애, 약물 중독, 알코올중독에 대해서는 크게 반응을 보이면서, 험담, 언쟁, 용서하지 않음, 그리고 교만이라는 죄에 대해서는 대충 넘어감으로 인하여 성령님이 죄를 자각하게 해 주시는 음성을 듣지 못한다.

한 바리새인이 예수님을 식사에 청하였을 때 죄를 지은 한 여자가 향유 담은 옥합을 가지고 와서 그것을 깨트려 예수님의 발을 씻기고 자기 머리털로 닦고 그 발에 입 맞추었던 이야기를 회심한 직후에 아내와 나눈 적이 있다. 그 여자의 이상한 행동을 바라본 바리새인은 '예수님께서 진정한 예언자라면 창녀가 자기 몸에 그런 이상한 짓을 하는 것을 허락하지 않을 텐데'라고 생각했다. 그때 예수님은 그 바리새인 시몬에게 다음과 같은 비유로 말씀하셨다. "예수께서 대답하여 이르시되 시몬아 내가 네게 이를 말이 있다 하시니 그가 이르되 선생님 말씀하소서 이르시되 빚 주는 사람에게 빚진 자가 둘이 있어 하나는 오백 데나리온을 졌고 하나는 오십 데나리온을 졌는데 갚을 것이 없으므로 둘 다 탕감하여 주었으니 둘 중에 누가 그를 더 사랑하겠느냐." 시몬은 많이 탕감 받은 자가 더 많이 사랑할 것이라고 대답했다. 예수님은 시몬의 판단이 옳다고 말씀하셨다.

나는 아내에게 이렇게 말했다. "종종 이런 생각이 들어요. 내가 예수님을 만나기 전에 마약 중개인이었든지, 도둑이었든지, 아니면 악랄한 범죄자였다면, 지금 그분을 더욱 사랑하지 않을까요? 더 많이 용서받았으니까요. 나는 더욱 많이 하나님을 사랑하고 싶어요." 아내와 더 이야기를 나누고 있는데 예수님은 나에게 다음과 같은 말씀을 주셨다. "존, 무언가 오해하는 것 같다. 내가 말하려고 했던 것은 시몬의 마음의 태도에 관한 것이었단다. 시몬은 그 여인보다 자신이 더 나은 죄인이라고 생각하고 있었기에 용서를 조금만 받아도 된다고 여겼지. 내가 보기에는 더 큰 죄인도 더 작은 죄인도 없단다. 야고보서 2장 10-11절을 한 번 묵상해 보렴. 내 눈에는 이 세상에서 가장 극악한 범죄자나 한 번 거짓말을 한 사람이나 모두 동일한 죄인들로 보인다. 죄인들의 운명은 모두 동일하게 지옥행이란다."

> 누구든지 온 율법을 지키다가 그 하나에 거치면 모두 범한 자가 되나니 간음하지 말라 하신이가 또한 살인하지 말라 하셨은즉 네가 비록 간음하지 아니하여도 살인하면 율법을 범한 자가 되느니라 약 2:10-11

그때 나는 나도 다른 누군가처럼 하나님을 사랑할 수 있다는 것을 깨닫고 정신이 번쩍 들었다. 나도 극악한 범죄자와 동일한 심판을 받고 죽을 운명이었던 것이다.

오늘날 우리 사회의 문제점은 종교의 영향으로 죄인들을 구별한다는 것이다. 소위 스스로 '선하다'고 여기거나 별로 큰 죄를 짓지 않았다고 자부하는 사람들은 하나님의 은혜를 조금만 받아도 된다고 생각한다.

몇 달 전에 앨라배마에서 한 남자가 전화를 걸어왔다. 그가 거주하는 도시에서 내가 집회를 열었을 때 그는 거기에 참석해서 나에게 사역을 받았었다. 나는 사역을 하면서 그가 동성연애자임을 알 수 있었다. 그런데 몇 주 후에 그는 전화를 걸어서 자신이 동성연애자라는 것을 밝혔다. 나는 이미 그가 동성연애자인 것을 알고 있었다고 했다. 그러자 그의 음성이 바뀌더니, "나를 이상야릇한 성도착자로 취급하시는 거지요?"라고 대꾸했다. 나는 즉시 아니라고 말하면서, 기독교인들이 동성연애자를 더러운 동물처럼 취급하는 것에 대해서 사과했다. "죄송합니다. 용서해 주세요. 기독교인들이 동성연애를 다른 죄보다 더 악하게 취급하는 경우가 있습니다. 그러나 나도 죄에 묶여 있었고 예수님이 없었다면, 지옥으로 갈 수밖에 없었던 사람입니다. 나도 구원자가 절실히 필요했던 사람입니다. 나의 죄는 사회적으로 사람들이 받아주기가 더 편했을 뿐이지, 하나님이 보시기에는 당신이나 나나 다 심판 받아 멸망할 죄인들입니다." 그 사람은 내 마음을 이해하는 것 같았다. 그래서 우리는 함께 기도했고, 주님은 그 사람에게 구원을 베푸셨다. 그리고 몇 달 뒤에 그의 전화를 또 받았을 때, 주님이 그의 삶에 역사하셔서 위대하고 놀라운 일들을 행하고 계신다는 고백을 듣게 되었다. 하나님을 찬양할지어다!

죄는 죄다. 죄의 종류가 어떻든지 상관없다. 작은 죄든 큰 죄든 죄를 죄로 여기지 않고 적당히 넘어가는 자들은 주님으로부터 마지막 심판 날에 "나를 떠나라"라는 말을 들을 가능성이 높다.

세상적인 근심인가, 아니면 거룩한 근심인가?

내가 지금 기뻐함은 너희로 근심하게 한 까닭이 아니요 도리어

> 너희가 근심함으로 회개함에 이른 까닭이라 너희가 하나님의 뜻대로 근심하게 된 것은 우리에게서 아무 해도 받지 않게 하려 함이라 하나님의 뜻대로 하는 근심은 후회할 것이 없는 구원에 이르게 하는 회개를 이루는 것이요 세상 근심은 사망을 이루는 것이니라 고후 7:9-10

바울은 세상 사람들이 아닌 교회 성도들에게 편지를 썼다. 회개라는 것은 물론 세상 사람들에게 절실히 필요한 것이기는 하지만, 교회에도 필요하다. 위의 성경 구절에서 "회개"에 해당하는 헬라어 뜻은 '마음의 변화'이다. 하나님은 죄를 대충 넘기던 과거의 삶의 태도로부터 돌아설 것을 종용하신다. 즉 죄를 품고 있는 그 마음의 중심에 변화가 있기를 기대하시는 것이다.

회개는 잘못을 저지른 일을 사과하는 행동을 넘어선다. 바울은 회개에 이르지 못하는 근심도 있다고 분명히 밝혔다. 그러한 근심의 열매는 죽음이다. 모두 하나님의 뜻대로 근심하는 것은 아니다. 눈물 콧물을 흘리며 회개하는 사람조차도 사실은 진정한 회개에 이르지 못하는 경우도 있다. 진정한 회개 없이 후회만 했는지도 모른다.

위의 성경 구절에 의하면 죽음에 이르는 근심과 생명에 이르는 근심이 있는 것을 알 수 있다. 그렇다면 경건한 근심과 세상적인 근심의 차이는 무엇일까? 그 대답은 간단하다. 세상의 근심은 자신을 위한 근심이다. 그러나 거룩한 근심은 예수님께 초점을 맞춘다. 세상적인 근심은 죄의 결과로 인해 오는 고통 때문에 걱정하는 것이다. 그러나 거룩한 근심은 죄로 인해 하나님과의 사이가 멀어짐을 걱정한다. 자신의 죄로 인하여 사회적 지위, 명성, 부, 복지, 평판이 땅에 떨어질까 봐 염려한다면 거룩한 근심이 아니다. 그것은 단순히 이기적인 욕망을 추구하는 것이기에 그 사람을 더욱 굳은 마음의 상태로 이끈다. 그 사람은 결국 사망에 이를 것이다.

이러한 진리를 알게 해 주는 예화로 사울 왕과 다윗 왕의 이야기를 소개하고자 한다. 사무엘상 15장에서 보면 하나님은 사울 왕에게 아말렉을 공격하라고 명령하시고 전리품으로 취한 남녀, 아이, 가축 등 모든 것을 진멸하라고 말씀하셨다. 사울은 전쟁에 나가서 승리를 거두었다. 그러나 아말렉 왕을 생포하고 가축 중에 좋은 것들도 그대로 남겨두었다. 그러자 선지자 사무엘에게 하나님의 말씀이 임했다. 왜 사울이 하나님의 명령에 불순종하였는가 하는 것이었다. 사무엘은 사울에게 직면시킬 수밖에 없었다. 왜냐하면 사울의 마음속에 아무런 죄책감이 없었기 때문이다. 사울은 자신이 하나님의 명령을 그대로 수행했다고 변명했다. 그때 사무엘은 한 가지 **빠뜨린** 것이 있음을 지적했다. 그 말을 들은 사울은 사무엘이 옳다는 것을 알면서도 자신을 합리화시키고 다른 사람들을 비난하기 시작했다. 사무엘은 사울 자신이 하나님의 명령을 어긴 장본인임을 분명하게 선포했다. 사울은 이제 더 이상 비난할 대상이 없음을 알았을 때 다음과 같이 말했다. "내가 범죄하였을지라도 이제 청하옵나니 내 백성의 장로들 앞과 이스라엘 앞에서 나를 높

이사 나와 함께 돌아가서 내가 당신의 하나님 여호와께 경배하게 하소서"(삼상 15:30). 마지막 궁지에 몰려서야 비로소 자신의 죄를 자백하는 많은 다른 사람들처럼 사울도 그제야 죄를 인정했다. 하지만 사울은 세상적인 근심을 했다. 자신이 하나님을 대적한 죄보다 장로들과 백성 앞에서 죄가 드러나는 것을 더 걱정했다. 그는 자신의 명성과 왕위를 지키려는 이기적인 야망으로 반응했던 것이다. 결국 사울이 지키려던 왕국은 산산조각으로 부서졌다. 사울은 하나님을 두려워하기보다 사람들의 눈치를 살폈다. 사울은 자기 유익을 위한 목적으로 신앙생활을 하는 대표적인 사람이다.

이제 다윗 왕을 살펴보자. 다윗은 우리아의 아내인 밧세바와 간음했다. 우리아는 다윗의 충복이었다. 그런데 밧세바가 다윗의 아이를 임신하자 다윗은 간음 사실을 숨기고자 계략을 꾸몄다. 그러나 우리아는 아내와 동침하지 않았다. 이에 다윗은 우리아를 전열의 가장 앞쪽에 배치하도록 하고 요압 장군에게 후방을 후퇴시키게 함으로써, 우리아가 자동적으로 적에게 살해되도록 유도했다. 다윗은 간통죄를 저지르고 그 죄를 은폐하기 위해 우리아를 살해하려는 계획을 세우고 실행에 옮겼다. 그러자 나단 선지자가 다윗을 찾아가서 죄를 직면시켰다. 다윗은 자신의 죄가 드러나자, 당장에 "내가 여호와께 죄를 범하였노라"고 고백했다(삼하 12:13). 다윗도 사울도 자기의 죄를 인정하기는 매한가지였다. 그러나 다윗은 그가 누구에게 범죄를 저질렀는지 깨달았고 그 자리에서 당장 엎드려 회개했다. 다윗은 주변 사람들이 어떻게 생각할까 염려하지 않았다. 그는 먼저 하나님께서 어떻게 생각하실 것인지 신경 썼다. 다윗은 자신의 행동이 하나님의 마음을 아프게 했다는 것을 느꼈다. "내가 주께만 범죄하여 주의 목전에 악을 행하였사오니"(시 51:4). 다윗은 하나님의 마음을 추구한 반면 사울은 자기 왕국을 추구했다. 사울은 자신의 이득을 추구하다가 멸망했고 다윗은 하나님을 사랑하는 마음을 유지함으로써 왕위를 이어갔다.

나는 십대 때 성적인 정욕(sexual lust)의 노예가 된 적이 있었다. 아마 미국에서는 대부분의 남자가 정욕에 사로잡혀서 살 것이다. 정욕은 내가 예수님을 영접했음에도 곧바로 나를 떠나가지 않았다. 계속해서 나를 고문했다. 시간마다 나는 하나님께 울부짖었고, 때마다 용서를 빌었다. 나는 결혼하면 정욕이 사라질 줄 알았으나, 불행히도 그렇게 되지 않았다. 내가 그렇게도 사랑하는 아내와의 성생활에까지 영향을 미칠 정도로 심각했다. 나는 이 죄 때문에 너무나 큰 고통을 당했지만, 거기에 사로잡혔기에 빠져나오기가 어려웠다.

1984년에 나는 유명한 목회자를 찾아가서 나의 죄를 고백했다. 그 목회자는 미국에서 가장 잘 알려진 목회자 중 한 명이었다. 그러한 목회자라면 나를 자유롭게 해 주리라고 생각했다. 그러나 그는 나를 바라보며 이렇게 말을 시작했다. "미국에서 당신과 비슷한 죄에 묶여 있는 사람이 얼마나 많은지 당신이 안다면…" 그리고 몇 분 더 이야기를 계속했고 결국 나는 "내가 자유롭게 되도록 기도해 주세요"라고 요청했다. 그는 나를 위해 기도해 주었지만, 아무런 변화도 일어나지 않았다. 물론 그 목회자의 잘못이 아니라는 것도 나는 잘 알고 있었다. 그러나 어떻게 이 문제에서 벗어날 수 있는지 알 수 없었다.

1년 뒤인 1985년 5월 2일부터 나는 4일간 금식기도를 드리기로 결심했다. 나는 그 죄로 완전히 물들어 있었다. 그것이 하나님을 슬프게 한다는 사실도 알았다. 예수님은 나의 모든 문제를 해결해 주시는 일에 충분한 대가를 이미 치르셨음도 알고 있었다. 금식 4일째 되는 날에, 하나님이 나를 축사 기도로 이끄시자, 정욕의 영이 나를 떠나갔다. 나는 자유롭게 된 것이다. 그리고 지금까지도 자유롭다.

나는 하나님께 그 유명한 목회자가 1년 전에 나를 위해 기도해 주었을 때 귀신이 떠나지 않았던 이유를 여쭈어 보았다. 하나님은 그 당시 나의 근심은 세상적인 근심이었다고 대답해 주셨다. 내가 자유케 되기 원했던 것은 이기적인 목적 때문이었다고 지적하셨다. 나는 그 특별한 죄를 회개하지 않으면 하나님께서 나를 설교하는 목회자로 세우지 않을 것이라고 생각했었다. 나의 최대 관심은 하나님 앞에서 죄를 지음으로써 하나님의 마음을 아프게 한다는 것보다 나의 죄의 결과가 내 목회에 미칠 영향에 관한 것이었다. 그러나 1년 뒤에는 근심의 종류가 달라졌다. 나는 하나님을 사랑하게 되었고, 하나님과 나 사이에 어떤 불순물도 끼어들지 않기를 바랐다. 결론적으로 말하자면, 하나님의 뜻대로 하는 근심이 인생을 바꾸는 회개로 나를 이끌었던 것이다. 하나님의 뜻대로 하는 근심은 후회할 것이 없는 구원에 이르게 하는 회개에 도달하게 하지만, 세상 근심은 사망으로 이르게 한다고 성경은 밝힌다(고후 7:10). "구원에 이르는 회개"라는 구절에서 구원이라는 단어의 헬라어는 '소조'다. 소조는 '치유, 보호, 보존, 온전함, 건전함, 건져냄' 이라는 뜻을 지닌 단어다. 그러므로 경건한 근심은 회개로, 그리고 회개는 인간을 죄에서 건져 내는 능력으로 나타난다.

회개는 축사의 전제조건이다

> 열두 제자를 부르사 둘씩 둘씩 보내시며 더러운 귀신을 제어하는 권능을 주시고…제자들이 나가서 회개하라 전파하고 많은 귀신을 쫓아내며 많은 병자에게 기름을 발라 고치더라 막 6:7, 12-13

귀신을 쫓아내는 역사가 발생하는 환경이 조성되려면 반드시 먼저 회개가 선행되어야 한다. 많은 사람이 나를 찾아와서 특정한 죄에서 벗어나게 해 달라고 부탁한다. 그럼에도 불구하고, 그들은 죄에 대한 태도를 좀처럼 고치려 하지 않는다. 죄를 짓는 것은 즐기지만, 그 고통스러운 결과는 싫어한다. 그래서 죄는 짓되 죄책감으로부터 자유로워질 수 있는 길을 모색한다. 죄를 짓고도 기독교인으로 남아 있을 수만 있다면 그들은 그렇게 할 것이다.

목회의 길로 들어서기 전에 골초였던 목회자 친구가 한 명 있다. 그는 하루에 담배를 두 갑 이상씩 피웠는데 그 중독에서 벗어나기를 간절히 원했다. 거의 두 해 반 동안 하나님 앞에서 눈물로 호소했다. 그런데 그의 친구 중 한 명이 집회에서 예수님을 영접한 후 곧바로 담배를 끊게 되었다. 내 친구는 그것을 보고 당황스러웠고 하나님께 화가 나기 시작했다. '나는 두 해 반 동안 울부짖었어도 아직도 담배에 매여서 살고 있는데, 그 친구는 어떻게 단번에 치유를 받을 수 있었지?' 라는 생각이 들었다. 그는 화가 나서 하나님 앞에서 불평을 늘어놓았다. 그는 화가 머리끝까지 나서 소리를 질렀다. "하나님, 왜 내 친구는 구원해 주시고 나는 버려두십니까?" 그때 주님의 음성이 들렸다. "너는 아직도 그것을 즐기고 있지 않니?" 그는 자기 손에 들려 있던 담배를 흘끔 쳐다보고는 그것을 바로 꺼 버렸다. 그리고 그 후로는 두 번 다시 담배를 피우지 않게 되었다.

당신도 죄짓기를 즐기는 한, 그 죄에서 벗어날 수 없다. 하나님은 죄를 미워하신다. 당신도 그러한 하나님을 닮아야 한다. "나의 육이 좋아하는 것을 내가 어떻게 미워할 수 있다는 말인가?"라고 반문할 사람도 있을 것이다. 그러나 여기에서 죄에 대하여 살펴보자. 첫째, 죄로 인하여 예수 그리스도가 십자가에 못 박히셨음을 기억하라. "친히 나무에 달려 그 몸으로 우리 죄를 담당하셨으니 이는 우리로 죄에 대하여 죽고 의에 대하여 살게 하려 하심이라 그가 채찍에 맞음으로 너희는 나음을 얻었나니"(벧전 2:24). 둘째, 죄를 지으면 하나님과의 사이가 멀어진다. "오직 너희 죄악이 너희와 너희 하나님 사이를 갈라놓았고 너희 죄가 그의 얼굴을 가리어서 너희에게서 듣지 않으시게 함이니라"(사 59:2). 셋째, 죄는 사탕발림을 한 독약이다. "그러므로 형제들아 우리가 빚진 자로되 육신에게 져서 육신대로 살 것이 아니니라 너희가 육신대로 살면 반드시 죽을 것이로되 영으로써 몸의 행실을 죽이면 살리니"(롬 8:12-13). 바울은 믿지 않는 사람들이 아닌 신자들에게 이렇게 말한 것이다. 바울은 육신대로 사는 것의 위험성과 죄를 적당하게 처리하는 것의 참담한 결과에 대하여 경고했다. 죄는 저지르는 순간에는 즐거울지 몰라도, 그 결과는 참혹한 죽음이다. 모세에 관한 이야기를 읽어 보라. "도리어 하나님의 백성과 함께 고난받기를 잠시 죄악의 낙을 누리는 것보다 더 좋아하고"(히 11:25). 죄가 육에 잠시 즐거움을 가져다줄 수도 있지만 그 즐거움은 오래가지 않는다.

한 여인이 나에게 전화를 걸어서는 기독교인인 남자와 불륜에 빠졌다고 고백했다. 그녀의 남편은 기독교인이 아닌데 자기를 항상 말로 학대한다고 했다. 그녀는 자신의 죄를 회개했다고 했다. 그리고 교회 친구들은 남편과 이혼하고 지금 자기를 사랑해 주는 기독교인 남자와 재혼하라고 말한다고 했다. 그녀가 나에게 전화를 건 이유는 그 친구들의 말이 옳은지에 대해 내 의견을 듣고 싶었기 때문이었다. 나는 지금 살고 있는 남편을 떠나 다른 남자와 재혼해도 되는 합당한 이유를 찾지 못하겠다고 밝혔다. 그녀도 스스로 무언가 잘못되었다는 것을 알고 있으면서도 돌이키고 싶지 않았던 것이다. 우리는 항상 진실을 말해야 한다. 상대방이 듣고 싶어 하는 말이 아닐지라도 진실을 이야기하는 것은 중요하다. 나는 우선 그녀에게 진정으로 회개하지 않았음을 말해 주었다. 그녀는 "눈물을 흘리며 잘못을 뉘우쳤는데요"라고 대꾸했다. 그래서 나는 "당신은 지금 이 죄를 미워하지 않고 있어요. 당신은 당신의 행동이 잘못되었다는 것과 그 관계가 복을 받을 수 없다는 것을 알고 있어요. 그러나 여전히 그 관계를 좋아하지요"라고 말했다. "저는 목사님의 말을 도저히 이해할 수 없습니다. 저는 분명히 회개했습니다"라고 그녀가 대답했다.

나는 그때 그녀가 말하는 '회개'라는 것에 문제가 있다는 것을 발견했다. 그녀는 간통이 그릇된 것임을 아는 것이 회개라고 생각하는 것 같았다. 그러나 하나님은 단순히 아는 것 그 이상을 바라신다. 하나님은 인간의 마음과 정신이 변화되는 것을 바라신다. 하나님은 죄를 품고 있는 성품 그 자체를 회개하라고 부르신다. 그녀가 그 기독교인 남자에 대한 마음의 태도를 진실로 회개하지 않는다면, 결국 처음부터 그녀가 얻고자 했던 것을 위해 이혼으로 이르게 될 것이다. "만약에 어떤 사람이 당신에게 '길 뒤편으로 가면 거기서 성적인 만족을 느끼게 해 주겠습니다'라고 하면, 당신은 뒷길로 가겠습니까?"라고 내가 물어보았다. "나는 그런 여자가 아닙니다"라고 그녀는 대답했다. "그 기독교인 남자와의 정사를 그러한 시각에서 보게 될 때에라야 당신은 진정으로 회개해야 하는 것이 무엇인지 알게 될 것입니다"라고 나는 단호하게 말했다. 마침내 그녀는 내 뜻을 이해하는 듯했다.

회개에 합당한 열매

> 그러므로 회개에 합당한 열매를 맺고 속으로 아브라함이 우리 조상이라 말하지 말라 내가 너희에게 이르노니 하나님이 능히 이 돌들로도 아브라함의 자손이 되게 하시리라 이미 도끼가 나무뿌리에 놓였으니 좋은 열매 맺지 아니하는 나무마다 찍혀 불에 던져지리라 눅 3:8-9

목회자가 전하는 하나님의 말씀을 듣고 성령의 감동으로 마음이 찔려 회개 기도를 드리고, 눈물을 흘리며 하나님께 헌신하기로 작정한 사람 중에, 회개에 합당한 열매를 뒤이어 맺지 못한다면 회개가 제대로 이루어진 것일까? 그들은 기도로 인해 잠시 영적인 평안을 되찾은 듯했으나, 금방 자신들의 원래 삶의 방식으로 되돌아간다. 회개는 한 번 기도하고 끝나는 것이 아니다. 회개는 평생 동안 지속되는 생활양식이다. 회개는 마음에서부터 변화를 결심하는 것이다. 회개는 회개에 합당한 열매를 맺기까지 계속되어야 한다. 그러므로 회개 기도는 시작 단계에 불과하다.

바울은 그의 첫 번째 편지를 고린도 교회에 적어 보내면서 그들의 세속성을 책망했다. 바울의 편지는 확신을 주는 글로 가득 차 있었기에, 고린도 교회의 성도가 바울의 편지를 읽고 회개했다. 그 후에 바울이 다시 고린도 교회에 보낸 다음 말씀을 읽고서 회개에 합당한 열매에 관하여 생각해 보자.

> 하나님의 뜻대로 하는 근심은 후회할 것이 없는 구원에 이르게 하는 회개를 이루는 것이요 세상 근심은 사망을 이루는 것이니라 보라 하나님의 뜻대로 하게 된 이 근심이 너희로 얼마나 간절하게 하며 얼마나 변증하게 하며 얼마나 분하게 하며 얼마나 두렵게 하며 얼마나 사모하게 하며 얼마나 열심 있게 하며 얼마나 벌하게 하였는가 너희가 그 일에 대하여 일체 너희 자신의 깨끗함을 나타내었느니라 고후 7:10-11

여기에서 사도 바울은 회개에 합당한 일곱 가지 열매에 관하여 서술한다. 이러한 회개의 열매는 차지도 뜨겁지도 않은 미지근한 신앙을 가진 신자들이 아닌 열정적인 신자들의 특성이다. 사람들은 어떤 신자들이 매우 부지런하고 열정적인 이유를 궁금해한다. 그 이유는 바로 그들의 마음속에 자신의 목적을 추구함이 전혀 없기 때문이다. 오직 하나님을 사랑함에 모든 것이 맞추어져 있다. 우리는 종종 이 세상과 하나님의 나라에서 동시에 잘 살아보려고 애쓴다. 이러한 경우는 육의 차가움이 영적인 불을 꺼 버린다. 이제 회개에 합당한 열매를 간단히 살펴보자.

1. 간절함(부지런함)_ 일단 마음에 뜻을 정하면, 사람은 간절해진다. 그러면 한곳에 집중하면서 부지런해진다. "믿음이 없이는 하나님을 기쁘시게 하지 못하나니 하나님께 나아가는 자는 반드시 그가 계신 것과 또한 그가 자기를 찾는 자들에게 상 주시는 이심을

믿어야 할지니라"(히 11:6). 그러나 신앙에 뿌리가 없는 사람은 영적인 세계와 이 세상을 왔다 갔다 한다. 그러다 보면 영적으로 나태한 자가 되어 버린다. 그래서 주님은 사도 바울을 통해 다음과 같은 권면을 주셨다. "부지런하여 게으르지 말고 열심을 품고 주를 섬기라"(롬 12:11).

  2. 자신을 깨끗케 함_ 수많은 사람이 죄책감이라는 중압감에 눌려 있다. 예수님은 우리를 죄의 짓눌림에서 해방시키려고 오셨다. 진정한 회개는 반드시 양심의 자유(깨끗함)를 누리게 되어 있다.

  3. 의분_ 회개는 죄악을 미워하는 마음을 준다. "주께서 의를 사랑하시고 불법을 미워하셨으니 그러므로 하나님 곧 주의 하나님이 즐거움의 기름을 주께 부어 주를 동류들보다 뛰어나게 하셨도다 하였고"(히 1:9). 많은 신자가 의로움을 사모하지만 죄는 미워하지 않는다. 그렇기에 하나님의 기름 부음의 능력이 약하게 나타난다. 죄를 미워하면 삶에서 하나님의 기름 부음이 증가할 것이다.

  4. 경외_ 모든 기독교의 경건은 하나님을 두려워함에 기초한다. "그런즉 사랑하는 자들아 이 약속을 가진 우리는 하나님을 두려워하는 가운데서 거룩함을 온전히 이루어 육과 영의 온갖 더러운 것에서 자신을 깨끗하게 하자"(고후 7:1), "여호와를 경외하는 것은 악을 미워하는 것이라 나는 교만과 거만과 악한 행실과 패역한 입을

미워하느니라"(잠 8:13), "여호와를 경외하는 것이 지혜의 근본이요 거룩하신 자를 아는 것이 명철이니라"(잠 9:10)라는 말씀을 명심하라.

5. 사모함_ 사모함은 사람들을 기도로 이끌어 가고 하나님으로부터 무언가를 받도록 한다. "그러므로 내가 너희에게 말하노니 무엇이든지 기도하고 구하는 것은 받은 줄로 믿으라 그리하면 너희에게 그대로 되리라"(막 11:24). 당신의 기도 시간에 전혀 생명력이 없다면, 그것은 당신의 사모함이 강하지 않기 때문이다. 회개는 사모하게 한다.

6. 열심_ '열심'의 사전적 정의는 '열광 혹은 열렬하게 되는 것'이다. 예수님께서 환전상들을 성전에서 내쫓으실 때에, "제자들이 성경 말씀에 주의 전을 사모하는 열심이 나를 삼키리라 한 것을 기억하더라"(요 2:17)라는 말씀이 나온다. 예수님은 미지근한 교회를 다음과 같이 책망하셨다. "무릇 내가 사랑하는 자를 책망하여 징계하노니 그러므로 네가 열심을 내라 회개하라"(계 3:19).

7. 변증_ 변증이란 앙갚음 내지는 변호를 의미한다. "그런즉 너희는 하나님께 복종할지어다 마귀를 대적하라 그리하면 너희를 피하리라"(약 4:7). 사탄을 대적하는 가장 좋은 방법은 하나님께 복종하는 것이다. 이것이 바로 완벽한 변증이다. 사탄을 대적하는 최고

의 무기는 싸우는 말이 아니라 경건한 생활방식과 겸손이다.

회개는 앞에서 언급한 경건한 열매를 맺게 한다. 바로 예수님께서 우리에게 명령하신 열매다. 이러한 신앙의 열매들은 오직 깨끗한 마음으로부터 흘러나오는 자질이기에 흉내 낼 수 없다.

하나님은 그분의 자녀들을 거룩하고 경건한 삶으로 부르신다. 죄를 적당히 넘겨 버리는 사람들은 하나님을 보지 못할 것이다. "모든 사람과 더불어 화평함과 거룩함을 따르라 이것이 없이는 아무도 주를 보지 못하리"(히 12:14). 경건함이란 하나님께서 주시는 은혜의 산물이지 육체의 노력의 결과가 아니다. 경건은 회개를 통해 마음에서 시작된다. 많은 성도가 자신의 노력으로 거룩한 삶을 살아보려고 하다가 결국 율법주의의 노예가 된다. 경건함에 이르는 길은 오직 회개하면서 겸손히 자신을 낮추는 것이다. 왜냐하면 하나님은 겸손한 자에게 은혜를 베푸시고, 은혜만이 우리로 하여금 진리 안에서 살도록 힘을 더해 주기 때문이다.

chapter 8

자기의 복음

"예수님께 와서 무엇을 얻어가라"의 복음은 기복신앙이다.

> 너희는 나를 불러 주여 주여 하면서도 어찌하여 내가 말하는 것을 행하지 아니하느냐 눅 6:46

예수님께 무언가를 얻어 가라

"나더러 주여 주여 하는 자마다 다 천국에 들어갈 것이 아니요 다만 하늘에 계신 내 아버지의 뜻대로 행하는 자라야 들어가리라 그 날에 많은 사람이 나더러 이르되 주여 주여…"(마 7:21-22) 오늘날 많은 사람이 예수님을 자신의 주라고 고백한다. 교회에 정기적으로 출석하며, 스스로를 거듭난 기독교인이라고 생각한다. 어떤 이들은 방언 기도도 한다. 그러나 예수님이 진짜 그들의 주인이신가? 말로만 예수님을 주님이라고 하고 삶 속에서 진짜 섬기는 주인은 딴 곳에 있는 것은 아닌가? 그래서 야고보는 담대히 "어떤 사람은 말하기를 너는 믿음이 있고 나는 행함이 있으니 행함이 없는 네 믿음을 내게 보이라 나는 행함으로 내 믿음을 네게 보이리라 하리라"라고 도전했다(약 2:18).

"주여 주여"에서 '주'라는 단어의 헬라어는 '퀴리오스'다. 그 말의 뜻은 '주인 내지는 최고의 권위를 가진 자'이다. 예수님은 사람들이 입으로는 예수님을 자신의 주인이라고 말하지만, 사실은 그렇게 행동하지 않을 것을 미리 지적하셨다. 그래서 예수님은 "너희는 나를 불러 주여 주여 하면서도 어찌하여 내가 말하는 것을 행하지 아니하느냐"(눅 6:46)고 하신 것이다.

미국을 비롯한 많은 나라에서 예수님은 오직 구원자로만 선포되어 왔다. 그래서 사역자들은 사람들에게 예수님을 영접하는 기도를 드리게 하고, 교회에 출석하게 하며, 헌금을 드리게 한다. 지금 이 시대의 메시지는 "예수님께 무언가를 얻어 가라"고 외친다. 예수님께 구원, 평안, 사랑, 기쁨, 형통, 성공, 건강을 얻으라고 한다. 우리는 복음을 인생의 문제를 해결해 주거나 삶의 질을 높여 주는 방편으로 전락시켰다. 교회는 예수님을 따를 때 얻게 되는 축복에 대한 메시지로 죄인들을 유혹한다. 그 결과 예수님은 사람들의 문제를 해결해 주는 해결사로 전락했고, 부흥사나 목회자는 예수님을 팔아먹는 세일즈맨이 되어 버렸다. 이러한 모든 과정 중에 한 가지 간과된 것이 있으니 바로 진정한 회개다. 어쨌든 개종자는 계속 생겨난다. 그렇지만 도대체 어떤 종류의 교인들로 교회가 채워지는 것인가? 예수님은 그 당시 유대인들의 목회 사역을 다음과 같이 표현하셨다. "화 있을진저 외식하는 서기관들과 바리새인들이여 너희는 교인 한 사람을 얻기 위하여 바다와 육지를 두루 다니다가 생기면 너희보다 배나 더 지옥 자식이 되게 하는도다"(마 23:15). 교회에 사람을 등록시키는 일은 그리 어렵지 않다. 그러나 그들은 하나님 나라의 진정한 자녀들인가? 그들은 예수님을 따르는 제자들인가, 아니면 자신의 어떤 이득을 챙기기 위해 교회에 들어온 자들인가? 현대 교회는 예수님을 따르기 위해 치러야 하는 희생에 대해서는 별로 설교하지 않는다. 예스님을 믿고 받는 축복에 대해서 강조하는 것에 비교한다면 말이다.

예수님은 대중에게 이러한 점에 대해서 명확하게 밝히셨다. "무리와 제자들을 불러 이르시되 누구든지 나를 따라오려거든 자기를 부인하고 자기 십자가를 지고 나를 따를 것이니라 누구든지 자기 목숨을 구원하고자 하면 잃을 것이요 누구든지 나와 복음을 위하여 자기 목숨을 잃으면 구원하리라"(막 8:34-35). 예수님은 "나를 위해 목숨이라도 바치고자 하는 사람은"이라고 말씀하지 않으셨다. 목숨을 내려놓고자 하는 갈망만으로는 충분하지 않다. 교회에 출석하지 않는 사람 중에도 목숨만 유지시켜 준다면 기꺼이 구원의 이득을 얻겠다는 사람들이 수두룩하다. 그러나 거기에는 치러야 하는 대가가 있다는 사실을 안다. 그리고 거기에 자신이 준비되지 않았음도 잘 안다. 어떻게 보면 세상 사람들은 솔직하다. 적어도 하나님과 자신에게 정직하다. 그러나 교회 안의 사정은 다르다. 교회를 다니는 사람 중에는 입으로는 주님을 부르면서도 행동으로는 주님을 따르지 않는 위선자가 많다. 겉으로는 주님을 섬긴다고 하지만 사실은 우상을 따로 마음에 두고 있다. 그 우상을 하나님보다 더 많이 사랑하면서 위선자의 삶을 살고 있다.

죽어서는 지옥에 가고 싶지 않고 이 세상에서는 편하고 향상된 삶을 살기 원하는 사람들은 "와서 예수님께 무언가를 받아라"라는 복음의 결과물이다. 그래서 오늘날 많은 신자가 예수님을 복 주시는 구원자로 영접하지만 인생의 주인으로는 믿고 따르지 않는다.

전혀 미국적이 아닌 복음

우리는 예수님이 가르치신 믿음을 미국 땅에서 보지 못하고 있다. 예수님의 가르침과 미국의 설교자들이 가르치는 것은 매우 다르다. 예수님께서 한 젊은이를 어떻게 다루시는지 한 번 살펴보자.

> 예수께서 길에 나가실새 한 사람이 달려와서 꿇어앉아 묻자오되 선한 선생님이여 내가 무엇을 하여야 영생을 얻으리이까 막 10:17

이 젊은이는 예수님께 달려왔다. 그리고 예수님 앞에서 무릎을 꿇고 영원한 생명을 얻는 법을 가르쳐 달라고 애원했다. 한 젊은이가 군중 속을 헤치고 예수님께 돌진하여, 무릎을 꿇고 예수님의 다리를 붙들고 애걸하면서, 제발 좀 천국으로 들어가는 길을 보여 달라고 간구하는 모습을 한 번 상상해 보라. "선한 선생님이여 내가 무엇을 하여야 영생을 얻겠습니까?"라는 말은 거의 절규에 가깝다. 나는 개인적으로나 목회 사역에서, 나에게 달려와서 무릎을 꿇고 "목사님, 제발 저에게 구원받는 길을 가르쳐 주세요"라고 절규하며 매달리는 사람을 만나 본 적이 없다. 성경에 나오는 그 젊은이는 참으로 다급한 심령을 가진 사람이다. 성경은 부자 청년이 차분하고 품위 있게 예수님께 다가와서 지적인 질문을 던지는 모습으로 묘사하지 않는다. 그 청년은 구원에 목마르고 절박한 나머지 아주 심각한 질문을 던진 것이다.

> 예수께서 길에 나가실새 한 사람이 달려와서 꿇어앉아 묻자오되 선한 선생님이여 내가 무엇을 하여야 영생을 얻으리이까 예수께서 이르시되 네가 어찌하여 나를 선하다 일컫느냐 하나님 한 분 외에는 선한 이가 없느니라 막 10:17-18

그 청년은 예수님을 "선하신 주님"이라고 부르며 예수님께 아부하지 않았다. 그는 아주 조심성 있는 청년이었다. 만약에 예수님을 주님이라고 불렀다면, 그는 주인이신 예수님이 시키시는 일을 모두 지켜야 했을 것이다. 오늘날 많은 신자는 말과 행동이 다르다. 예수님을 주님으로 고백하고 목회자를 교회의 지도자라고 부르지만 주님의 말을 듣지 않고 목회자의 인도를 받아들이지 않는다. 목사가 설교하면 "아멘"이라고 화답하고는 돌아서서 그 설교 말씀을 삶에 적용하지는 않는다. 듣는 귀는 가지고 있지만, 성령님이 그들의 양심에 말씀하시는 음성은 무시해 버린다. 좋은 설교를 듣게 되면, 자신이 아닌 다른 사람이 그 설교를 듣고 변화되면 얼마나 좋을까 하고 생각한다. 물론 자신에게는 적용하지 않는다. 그들이 바로 위선자다. 그들은 자신의 눈에 들어가 있는 들보는 보지 못하고 남의 눈에 들어가 있는 티를 뽑아내려고 한다.

구원받기 위해 갈망하고 몸부림치는 이 청년을 예수님께서 어떻게 다루시는지 살펴보자.

> 네가 계명을 아나니 살인하지 말라 간음하지 말라 도둑질하지 말라 거짓 증언하지 말라 속여 빼앗지 말라 네 부모를 공경하라 하였느니라 그가 여짜오되 선생님이여 이것은 내가 어려서부터 다 지켰나이다 막 10:19-20

예수님께서는 십계명 중 여섯 가지 계명을 인용하셨다. 그 계명들은 인간관계에 관한 율법들이다. 그 젊은이는 어렸을 적부터 그 모든 계명을 다 지켰다고 대답했다. 나는 그 청년이 거짓말했다고 생각하지 않는다. 그 청년은 진정으로 그 계명을 전부 지킨 사람이다. 그러나 예수님은 의도적으로 십계명의 앞의 네 계명 즉 하나님과 사람의 관계에 관한 것은 언급하지 않으셨다. 예를 들자면, 하나님 이외에 다른 우상을 섬기지 말라는 계명이다. 하나님을 사랑하고, 하나님께 가까이 다가가야 하며, 하나님께 헌신하는 것보다 더 우선적으로 더 중요하게 여기는 것이 인간의 삶에 있어서는 안 된다. 그런데 그 젊은이는 하나님을 사랑하라는 계명을 지키지 않았으며, 지킬 의사도 없었다. 예수님은 곧바로 그 우상 숭배를 폭로하셨다.

> 예수께서 그를 보시고 사랑하사 이르시되 네게 아직도 한 가지 부족한 것이 있으니 가서 네게 있는 것을 다 팔아 가난한 자들에게 주라 그리하면 하늘에서 보화가 네게 있으리라 그리고 와서 나를 따르라 하시니 막 10:21

예수님은 그 청년을 사랑하셨다. 그러나 그 청년에 대한 사랑을 예수님께서는 어떻게 표현하셨는가? 그 청년의 마음이 다칠세라 복음을 부드럽게 전하셨는가? 그 청년의 삶의 우상들인 권력, 지위, 명예, 재물에 대한 언급을 은근슬쩍 피해 가셨는가? 나중에 스스로 알아서 회개하도록 그냥 기도만 해 주셨는가? 구원받기를 그토록 열망하니 제자로 삼을 수도 있었을 것이다. 그러면 돈 많은 청년이 예수님을 후원해 주지 않았을까? 그러나 예수님은 그 청년을 사랑하셨다. 진실로 사랑하셨다. 그래서 예수님은 그 청년에게 진리를 말씀해 주셨다. 비록 진리가 그 청년을 심각하게 괴롭히고, 권세와 재력이 있는 청년을 잃어버릴 수도 있을지라도 말이다. 예수님은 그 청년의 눈을 보시며 진실을 말씀하셨다. 그것은 그의 열심이 아니라 그가 가진 모든 것을 내버릴 준비가 되지 않은 것이었다.

만약에 예수님께서 당신에게 그러한 말씀을 하시면 당신은 어떻게 반응하겠는가? 당신에게 부족한 점이 있어서 그로 인해 구원을 받지 못한다면 어떻게 하겠는가? 예수님은 당신을 사랑하신다. 그렇기에 진실을 말씀해 주실 것이다. 그러나 진실은 마음을 무척이나 아프게 만든다. 많은 기독교 설교자와 목회자가 사람들에게 거부당할까 봐 두려워서 감히 진실을 말하지 못한다. 그들은 교인들에게 받아들여지기를 원한다. 나 역시 그랬다. 나를 만나는 사람들은 모두 나를 좋아했는데, 이는 내가 그들에게 그들이 듣고 싶어 하는 말만 했기 때문이었다. 나는 직면시키고 거절당하는 것이 싫었고, 모두 행복하기를 원했다. 그러나 하나님은 나의 불안해하는 마음과 이기적인 동기를 폭로하셨다. 나의 최대의 관심은 나 자신을 사랑하는 것 이외의 다른 것이 아니라는 점을 보여 주셨다. 나는 상대방에게 정말로 필요한 것을 주기보다 그들에게 내가 받아들여지는 것에 더 많이 신경을 썼다.

진실을 밝히는 것은 언제나 중요하다. 대충 얼버무림으로써 거짓 가운데에 살게 해서는 안 된다. 거짓 가운데에 살다가 나중에 마지막 심판 때에 주님께 "나를 떠나라. 나는 너를 알지 못하나니, 불법을 행하는 자들아!"라는 말을 듣느니, 차라리 지금 마음이 쓰라리고 아파도 진실을 듣고 아는 것이 중요하다.

> *그 사람은 재물이 많은 고로 이 말씀으로 인하여 슬픈 기색을 띠고 근심하며 가니라 예수께서 둘러보시고 제자들에게 이르시되 재물이 있는 자는 하나님의 나라에 들어가기가 심히 어렵도다 하시니* 막 10:22–23

    열정적으로 구원의 길을 탐구하러 왔던 이 청년이 이제는 슬픈 기색을 띠고 예수님을 등지고 떠나는 모습을 볼 수 있다. "예수님, 어떻게 이러실 수 있으세요? 이 남자는 흥분해서 왔다가 주님의 설교를 듣고 슬퍼하며 떠났잖아요. 이 같은 결과를 예상 못하신 거예요? 사람들의 기분을 좋게 만들어야지 슬퍼지게 하면 어떡해요. 앞으로도 열정적인 사람들, 특별히 부자이고 영향력 있는 사람들을 계속 이렇게 대하신다면, 주님을 따르는 사람 수가 줄어들 거라고요. 지금 당장 그 사람에게 가서 마음을 풀어 주세요. 그러면 다시 주님을 따르게 될 거예요!" 현대 교회였다면 아마도 예수님은 교회 이사회나 장로회를 통해 이런 소리를 들으셨을 것이다. 예수님께서 오늘날 현대 교회에 목회자로 오셔서 설교하였더라면, 얼마 못 가서 강단에서 쫓겨나셨을지도 모른다. 예수님을 쫓아낸 사람들은 아마도 다음과 같은 논리를 폈을 것이다.

    "십일조를 많이 드릴 가능성이 있는 사람들을 부드럽게 꾀어서 십일조나 내도록 하지 왜 100퍼센트 온전한 순종을 강조해서 사람의 기분을 상하게 하는가? 예수는 목회가 무엇인지 잘 모르는 것 같다. 큰 교회 건물, 수많은 교인, 그리고 조직화된 구조에 대해 무지한 것 같다. 예수는 친구를 사귀고 그들에게 영향력 있는 사람이 되는 법을 못 배운 것 같다. 예수는 설교하는 법을 다시 배워서, 조용조용하게 말하면서 듣는 이들에게 죄책감을 불러일으키지 않고, 기분 좋게 하는 법을 다시 터득해야 할 것 같다. 설교가 사람의 자존감을 세워 주는 메시지가 되어야 하지 않겠는가!"

목회의 성과나 목회의 성공은 진리에 기반을 두지 않으면 안 된다. 나를 포함해서 많은 목회자가 신앙의 진실은 이야기하지 않고 수박 겉핥기만 하다가 목회를 마치는 경우가 허다하다. 구원받고 싶다는 사람이 교회로 찾아오면, "구원을 원하십니까? 축복을 원하십니까? 그러면 예수님을 영접하는 기도를 드리십시오. 그리고 교회에 출석하시고 헌금을 드리시고 나를 따르시오!"라고 말한다. 하나님께서는 우상을 지닌 채 구원받기를 원하는 사람들에게 복음을 간편하게 받아들일 수 있도록 해 놓지 않으셨다. 우상은 반드시 버려야 한다. 예수님을 반드시 '주인'으로 모셔야 한다. 단지 구원자에 머무시게 하면 안 된다. 부자 청년이 떠난 뒤 예수님께서는 무엇을 하셨는가?

> 예수께서 둘러보시고 제자들에게 이르시되 재물이 있는 자는 하나님의 나라에 들어가기가 심히 어렵도다 하시니 제자들이 그 말씀에 놀라는지라 예수께서 다시 대답하여 이르시되 얘들아 하나님의 나라에 들어가기가 얼마나 어려운지 낙타가 바늘귀로 나가는 것이 부자가 하나님의 나라에 들어가는 것보다 쉬우니라 하시

니 제자들이 매우 놀라 서로 말하되 그런즉 누가 구원을 얻을 수 있는가 하니 예수께서 그들을 보시며 이르시되 사람으로는 할 수 없으되 하나님으로는 그렇지 아니하니 하나님으로서는 다 하실 수 있느니라 막 10:24-27

예수님은 떠나가는 청년을 붙잡아 보려고 쫓아가지 않으셨다. 대신에 제자들에게 중요한 것을 가르치기 시작하셨다. "얘들아 하나님의 나라에 들어가기가 얼마나 어려운지 낙타가 바늘귀로 나가는 것이 부자가 하나님의 나라에 들어가는 것보다 쉬우니라…" 우상이란 하나님보다 더 사랑하고, 더 많이 의지하며, 지대한 관심을 가지는 것들이다. 그 청년은 자신의 우상을 버리고 예수님을 따르지 못했다. 어떤 사람에게는 주변 사람들에게 인기를 얻는 것이 우상일 수 있고 스포츠, 음식, 텔레비전, 음악이 우상이 될 수도 있다. 그러한 목록은 한도 끝도 없다. 어떤 사람에게는 우상이 되는 것이 다른 사람에게는 별것 아닌 것으로 여겨질 수도 있다. 그러나 어쨌든 "너희는 자기를 위하여 우상을 만들지 말지니 조각한 것이나 주상을 세우지 말며 너희 땅에 조각한 석상을 세우고 그에게 경배하지 말라 나는 너희의 하나님 여호와임이니라"고 성경은 밝힌다(레 26:1). 우상은 사람이 만드는 것이다. 우상 자체는 아무것도 아니지만, 사람이 그것에 가치를 부여하고 그것을 사랑하고 믿고 의지하기 때문에 그것이 우상이 된다.

예수님은 "네가 하나님이 나에게 주신 말씀에 순종하면서 재산을 바치기만 하면, 하나님께서 백배로 다 갚아 주실 것이다"라고 호언장담하지 않으셨다. 그러나 오늘날의 목회자들은 그렇게 행동한다. 주님의 말씀에 반응을 보이기만 하면, 하나님이 백배 축복해 주실 것을 자기가 보장한다는 것이다. 그래서 하나님께 바치는 동기는 더 많은 것을 얻기 위한 이기적인 목적으로 변질된다. 그러나 예수님은 그렇게 말씀하지 않으셨다. 예수님은 헌신과 희생 그리고 그에 따르는 대가, 영원한 세계에서의 축복 등 다채로운 것들을 말씀하셨다. 그렇게 예수님은 천국이 주는 축복을 미끼로 사람들을 유인하려는 유혹을 뿌리치셨다.

> 베드로가 여짜와 이르되 보소서 우리가 모든 것을 버리고 주를 따랐나이다 예수께서 이르시되 내가 진실로 너희에게 이르노니 나와 복음을 위하여 집이나 형제나 자매나 어머니나 아버지나 자식이나 전토를 버린 자는 현세에 있어 집과 형제와 자매와 어머니와 자식과 전토를 백 배나 받되 박해를 겸하여 받고 내세에 영생을 받지 못할 자가 없느니라 그러나 먼저 된 자로서 나중 되고 나중 된 자로서 먼저 될 자가 많으니라 막 10:28-31

이미 모든 것을 버리고 제자가 된 자들에게 예수님께서 하신 말씀이다. 베드로, 야고보, 요한의 동기가 물질적인 보상을 받는 것이었다면, 그들은 결코 자신들이 하던 사업을 떠나지 않았을 것이다. 그들은 예수님을 따르는 데 그만한 보상이 있다는 것도 몰랐다. 그들은 예수님에게 생명의 말씀이 있다고 믿었기에 모든 것을 버리고 예수님을 따랐을 뿐이었다. 돈은 예수님의 제자들에게 우상이 아니었다.

예수님을 따르기 위해서 완벽해야 한다고 하나님은 말씀하지 않으신다. 하나님은 인간에게 완벽함을 요구하는 분이 아니다. 하나님은 그저 하나님께 순종하기만을 바라신다. 그 청년은 베드로보다 훨씬 더 깔끔한 차림새와 세련된 매너를 가진 사람이었는지도 모른다. 그러나 베드로는 주님이 말씀하시는 것에 기꺼이 순종하고자 했다. 그분을 따르려면 모든 것을 버려야 한다는 말의 의미를 알았다.

1979년에 예수 그리스도를 구주로 영접했을 때, 나는 성령의 충만함을 받았고 곧바로 사역과 연결되기 시작했다. 그러나 당시 나는 퍼듀 대학에서 기계공학을 전공했었고 곧 하버드 대학에 MBA를 하러 가도록 계획이 잡혀 있었다. 나는 사역은 전혀 원하지 않았다. 나는 그때까지만 해도 사역자들은 그것 말고 다른 일은 할 일이 없어서 사역자가 되는 줄 알았다. 그리그 목회자들은 전부 이상한 인간들처럼 보였다. 또한 선교사에 대한 나의 인상도 별로 좋지 않았다. 나는 사역자들은 모두 아프리카 같은 곳에서 뱀이 나오는 환경에서 살아야 하는 줄로 알고 있었다. 그런데 예배를 드리는 중에 성령님이 임하셔서 나의 영혼을 사로잡고 이렇게 말씀하셨다. "존, 내가 너를 설교자로 불렀다. 이제 어떻게 할 거니?" 그때 나의 머릿속에는 다음과 같은 생각이 오갔다. '우리 가족 전부가 나와 의절할지도 몰라. 그들은 모두 가톨릭이잖아. 나는 다른 모든 목회자들처럼 비참한 인생을 살고 싶지는 않아. 왜 하필이면 내가 아프리카 오지로 들어가야 하나.' 그러나 나는 머리를 숙이고 하나님 앞에서 기도를 드렸다. "주님, 정녕 그것이 주님의 뜻이라면, 어떠한 희생을 치르더라도 순종하고 설교자가 되겠습니다." 물론 나는 아프리카에 선교사로 가지 않았다. 하나님은 단지 내게 있는 모든 것을 포기하는 훈련을 시키셨다.

만약에 베드로, 바울, 그리고 예수님의 다른 제자들을 연구해 본다면, 그들의 사역도 예수님이 부자 청년을 다룬 것과 매우 흡사하다는 것을 알 수 있을 것이다. 오늘날 교회는 초대교회와 너무나도 동떨어져 있다. 미국의 영적 기류가 하락하는 데는 그 이유가 있다. 소위 '거듭난 기독교인'을 너무 쉽게 만들어 내고 많은 진리를 왜곡시켰기 때문이다. 그렇기에 하나님은 말세에 예언자들을 보내셔서 우상 숭배를 그치고 우상을 버리며, 하나님의 마음으로 돌이키도록 종용하신다. 그래야만 주님의 재림에 준비된 자들이 세워지기 때문이다.

회개하고 돌이켰는가, 아니면 그냥 교회에 가입만 하였는가?

> 그러므로 너희가 회개하고 돌이켜 너희 죄 없이 함을 받으라 이같이 하면 새롭게 되는 날이 주 앞으로부터 이를 것이요 또 주께

서 너희를 위하여 예정하신 그리스도 곧 예수를 보내시리니 하나님이 영원 전부터 거룩한 선지자들의 입을 통하여 말씀하신 바 만물을 회복하실 때까지는 하늘이 마땅히 그를 받아 두리라 행 3:19-21

위의 말씀은 성전 미문의 앉은뱅이를 기적적으로 치유한 후에, 구원받고 싶어 하는 군중을 향해 베드로가 담대히 외친 메시지다. 회개는 구원의 선제 조건이다. 세례 요한의 입에서 나온 첫마디는 "회개하라 천국이 가까이 왔느니라"였다(마 3:2). 예수님께서 공생애를 시작하시며 설교를 전할 때 그분의 입에서 나온 첫마디도 동일하다. "이 때부터 예수께서 비로소 전파하여 이르시되 회개하라 천국이 가까이 왔느니라 하시더라"(마 4:17). 오순절에 구원받는 길을 알고자 갈망하는 무리에게 베드로가 던진 첫마디도 다음과 같다. "베드로가 이르되 너희가 회개하여 각각 예수 그리스도의 이름으로 세례를 받고 죄 사함을 받으라 그리하면 성령의 선물을 받으리니"(행 2:38). 사도 바울은 사역 말기에 아그립바 왕 앞에서 "먼저 다메섹과 또 예루살렘에 있는 사람과 유대 온 땅과 이방인에게까지 회개하고 하나님께로 돌아와서 회개에 합당한 일을 행하라"(행 26:20)고 전했다.

먼저 회개하고 개종해야 그 후에 죄 사함을 받을 수 있다. 그러므로 진정한 회개가 없는 개종이란 있을 수 없다. 그러나 오늘날 우리는 회개하라는 복음을 듣지 못한다. 사랑 가운데에 회개케 하는 진실을 선포하지 않고, 휴머니즘에 호소하는 메시지만 전하기 때문이다. 오늘날 현대사회에서 복음이라는 것은 결국 풍성한 삶 내지는 형통한 삶으로 인도하는 한 방편으로 전락했다. 그러므로 인간들의 이기적인 욕심이 여전히 자리 잡고 있다. 성경을 자세히 읽어 보라. 회개는 선택 사항이 아니다. 회개는 하나님의 명령이다. "알지 못하던 시대에는 하나님이 간과하셨거니와 이제는 어디든지 사람에게 다 명하사 회개하라 하셨으니"(행 17:30).

하루는 주님께서 "회개하지 않고 나에게 나아오는 사람은 그냥 자기 혼자 앉아 있는 것이다"라고 말씀하셨다. 그러므로 회개하지 않고 교회에 다니는 사람은 죄를 용서받은 적도 없기에 용서받음에 따르는 능력도 없다. 점점 더 속게 될 뿐이다.

이전 장에서는 가룟 유다가 예수님을 따라다닌 사실을 살펴보았다. 그는 예수님을 따르기 위한 희생을 한 사람이기에 겉으로 보기에는 하나님을 사랑하는 것처럼 보였다. 예수님을 따르기 위해 모든 것을 버렸으며 예수님이 가시는 곳이라면 어디든지 따라다녔다. 박해의 고통을 겪었으며 귀신을 내쫓고 병자를 고치기도 했다. 그러나 그의 근본 동기는 처음부터 그릇된 것이었다. 그는 자기를 추구하는 마음의 동기를 회개하지 않았다. 그는 스스로 자신을 속인 자이며, 그의 속임은 갈수록 더 심해지다가 급기야는 예수님을 배반하고 예수님을 팔아먹는 지경에까지 이르렀다.

반면에 부자 청년은 적어도 솔직했다. 그는 자신을 부인하고 십자가를 지고 예수님을 따르는 데 들어가는 비용을 계산해 보았다.

그는 구원받는 길을 이해했으나, 결국 예수님을 등지고 떠나갔다. 나중에 예수님께서 부활하신 후에 그 부자 청년은 회개하고 예수님을 믿게 되었을지도 모른다. 하지만 한 가지 분명한 사실은 예수님께서 그 청년에게 사랑 가운데에 진실을 말하심으로써 진리를 알게 해 주셨다는 것이다.

사도행전을 보면, 초대교회에서 한 부부가 헌금을 드리면서 거짓말을 하는 장면이 나온다. 땅을 팔아서 전부 주님께 바치겠다고 약속을 하고는 실제로는 일부분만 바치고 나머지는 자신들의 몫으로 챙겨 두었다. 문제는 땅을 전부 다 바쳤는지의 여부가 아니고, 그렇게 약속을 했었다는 데 있다. 또 다른 문제는 사람들에게 큰 인정을 받기 위해 자신들이 판 땅의 전부를 바치겠다고 거짓말을 했다는 점이다. 베드로는 그 부부를 직면시켰다. 결국 그 부부는 하나님의 거룩한 영에게 거짓말을 한 결과로 그 자리에서 쓰러져 죽었다. 성경에 의하면 모든 교회가 두려워 떨게 되었고 그 소식을 들은 모든 사람이 두려움에 사로잡히게 되었다. 그 결과는 어떠했는가?

> 사도들의 손을 통하여 민간에 표적과 기사가 많이 일어나매 믿는 사람이 다 마음을 같이하여 솔로몬 행각에 모이고 그 나머지는 감히 그들과 상종하는 사람이 없으나 백성이 칭송하더라 믿고 주께로 나아오는 자가 더 많으니 남녀의 큰 무리더라 행 5:12-14

사람들은 너무나 두려워서 감히 교회에 다닐 엄두를 내지 못했다. 그런데 그 다음 구절에서는 주께로 나아오는 자가 더 많았다고 기록되어 있다. 이는 모순인 것처럼 보인다. "감히 그들과 상종하는 사람이" 없었는데 어떻게 주께로 나아오는 자는 더 많아질 수 있었는가? 이 이야기는 간단히 설명될 수 있다. 즉 진정한 회개 없이는 감히 그들과 상종하지 못했다는 의미다. 그래서 큰 무리는 먼저 회개하고 개종하여 주께로 나아온 것이다.

"왜 하필이면 그 부부만 죽어 넘어졌는가? 목회자 앞에서 거짓말하는 사람들은 그때 이후로도 많은데 전부 멀쩡히 잘 살아가고 있지 않은가?"라고 의문을 제기할 사람들도 있을 것이다. 그러나 분명한 이유가 다음 성경 구절에 제시되어 있다.

> 심지어 병든 사람을 메고 거리에 나가 침대와 요 위에 누이고 베드로가 지날 때에 혹 그의 그림자라도 누구에게 덮일까 바라고 예루살렘 부근의 수많은 사람들도 모여 병든 사람과 더러운 귀신에게 괴로움 받는 사람을 데리고 와서 다 나음을 얻으니라 행 5:15-16

하나님의 영광이 베드로에게는 무척 강력하게 임했기에, 그에게 가까이만 가도 병이 낫고 어둠이 떠나갔다. 아나니아와 삽비라는 인간 베드로 앞에서 거짓말을 한 것이 아니라 하나님의 영광 앞에서 거짓말을 한 것이다. 죄가 하나님의 영광과 맞닥뜨리면 강렬한 반응이 일어난다. 죄 또는 그와 비슷한 것은 하나님의 영광 앞에서 파괴되어 버린다.

다윗 왕과 그의 사람들에 의해서 하나님의 언약궤가 예루살렘으로 들어가고 있었다. 타작마당에서 수레를 끄는 소가 뛰어서 웃사가 손을 뻗어 언약궤를 잡았을 때, 그는 그 자리에서 죽었다. "여호와 하나님이 웃사가 잘못함으로 말미암아 진노하사 그를 그 곳에서 치시니 그가 거기 하나님의 궤 곁에서 죽으니라"(삼하 6:7).

왜 하나님께서는 사도행전의 시대만큼 큰 영광과 권능으로 우리 시대에 임하지 않으시냐고 불평하는 사람들이 있다. 그러나 만약에 현대에 초대교회와 같은 하나님의 영광이 나타나면 그 자리에서 바로 엎드려져 죽을 사람이 얼마나 많겠는가! 그러므로 말세에 하나님의 크신 영광이 완전히 드러나기 전에, 하나님께서는 엘리야 같은 선지자를 먼저 보내셔서 사람들로 하여금 회개하게 하실 것이다. "만군의 여호와가 이르노라 보라 내가 내 사자를 보내리니 그가 내 앞에서 길을 준비할 것이요 또 너희가 구하는 바 주가 갑자기 그의 성전에 임하시리니 곧 너희가 사모하는 바 언약의 사자가 임하실 것이라"(말 3:1).

John Bevere
The Voice of One Crying

chapter 9

우상 숭배를 피하라

우상 숭배: 사람이나 물건에 대한 과다한 칭찬이나 숭배

이와 같이 그들이 여호와도 경외하고 또한 어디서부터 옮겨왔든지 그 민족의 풍속대로 자기의 신들도 섬겼더라 왕하 17:33

풍속대로 자기의 신들도 섬겼더라

열왕기하 17장 33절의 다른 번역본은 "그들은 여호와를 경외하고 또한 자기가 만들어낸 신들도 섬겼더라"고 번역한다. 남녀노소 할 것 없이 교회에 다니는 사람들은 모두 주를 섬긴다. 그러나 우상도 겸하여 섬기는 것은 아닌가? 교회를 다닌다는 사람들이 교회를 다니지 않는 사람들과 하나도 다를 바 없이 살고 있지는 않은가? 육신의 정욕, 안목의 정욕, 이생의 자랑을 따라 살고 있지는

않은가? 어떻게 이런 일이 가능한가? 거룩하신 하나님의 교회가 어떻게 우상 숭배하는 자들로 가득 할 수 있는가? 예수님께서는 말세에 그런 교회를 구원하기 위하여 재림하신다는 말인가? 물론 말도 안 된다. 예수님은 세상을 따르는 무리가 아니라 거룩한 교회의 경건한 성도를 구원하려고 오실 뿐이다. 사도 바울은 고린도 교회에 이렇게 권면했다.

> 그런즉 내 사랑하는 자들아 우상 숭배하는 일을 피하라 나는 지혜 있는 자들에게 말함과 같이 하나니 너희는 내가 이르는 말을 스스로 판단하라 우리가 축복하는 바 축복의 잔은 그리스도의 피에 참여함이 아니며 우리가 떼는 떡은 그리스도의 몸에 참여함이 아니냐 떡이 하나요 많은 우리가 한 몸이니 이는 우리가 다 한 떡에 참여함이라 육신을 따라 난 이스라엘을 보라 제물을 먹는 자들이 제단에 참여하는 자들이 아니냐 그런즉 내가 무엇을 말하느냐 우상의 제물은 무엇이며 우상은 무엇이냐 무릇 이방인이 제사하는 것은 귀신에게 하는 것이요 하나님께 제사하는 것이 아니니 나는 너희가 귀신과 교제하는 자가 되기를 원하지 아니하노라 너희가 주의 잔과 귀신의 잔을 겸하여 마시지 못하고 주의 식탁과 귀신의 식탁에 겸하여 참여하지 못하리라 그러면 우리가 주를 노여워하시게 하겠느냐 우리가 주보다 강한 자냐 고전 10:14-22

우상은 그 자체로는 아무것도 아니다. 모세가 하나님의 산에 올

라가 있을 때 이스라엘 백성이 만들었다는 황금 송아지는 사실 그 자체로는 아무 능력도 없는 것으로 별것이 아니다. 그러나 그 우상의 능력은 이스라엘 백성의 마음에 달려 있었다. 황금 송아지에 애정, 사랑, 신뢰를 쏟는 마음 말이다. 그러므르 마음에 우상의 제단을 쌓는 것이 문제가 된다. "…누구를 연애하든지 그들의 모든 우상으로 자신을 더럽혔으며 그가 젊었을 때에 애굽 사람과 동침하매 그 처녀의 가슴이 어루만져졌으며 그의 몸에 음란을 쏟음을 당한 바 되었더니 그가 그 때부터 행음함을 마지아니하였느니라"(겔 23:7-8). 애굽 사람들은 다른 우상과 함께 송아지를 숭배했다. 이스라엘은 그 우상 숭배를 애굽에서 배웠다. 애굽은 세상의 조류에 편승하려는 경향성을 대표한다.

오늘날 교회에서는 우상 숭배라는 말 자체를 사용하지 않는다. 우상 숭배는 우리와 전혀 상관없는 것으로 간주되기 때문이다. 사실 현대에는 황금 송아지도 없고 무슨 우상 단지나 절하는 물건도 거의 없어졌다. 그러나 실상은 셀 수 없을 정도로 우상이 많다. 우상이란 '사람이나 물건을 지나치게 또는 과도하게 칭찬하거나 숭배하는 것'이라고 사전은 정의한다. 우상이란 하나님보다 더 우리의 관심을 끄는 것들이다. 현대의 문제는 우상이 실제로 무엇인지 잘 모른다는 점에 있다. 그래서 자신도 모르는 사이에 아무런 경각심도 없이 우상 숭배에 빠져들어 간다.

하나님을 사랑하고 하나님에게 애정을 주는 것보다 더 많이 세상의 것에 사랑과 애착을 가지는 사람은 우상 숭배자다. 성도는 주님의 잔과 귀신의 잔을 겸하여 마실 수 없다.

하나님의 분명한 명령을 마음 판에 새겨라. "너는 나 외에는 다른 신들을 네게 두지 말라"(출 20:3). 우상이란 하나님보다 더 앞세우는 모든 것이다. 우리가 하나님보다 더 좋아하고, 즐기고, 믿고, 사랑하고, 갈망하고, 경배하고, 바라고, 신뢰하고, 애정을 주며, 관심을 두는 모든 것이 우상이다.

1986년에 나는 다른 사역자와 함께 필리핀에 간 적이 있다. 나는 하나님께서 나를 필리핀에서 설교하라고 보내시는 것으로 알았다. 그렇지만 나중에야 하나님께서 나의 인생을 바꾸어 주시기 위해 그곳으로 보내셨음을 깨달았다. 집회 둘째 날 밤에, 다른 사역자가 예수님의 리더십에 관하여 말씀을 전했다. 그는 예수님은 단순히 구원자가 아니라 우리가 순종하고 따라야 할 주님인 것을 역설했다. 성경에 "주님"이라는 단어는 칠천팔백 번이나 나오는 데 반해 "구세주"라는 단어는 서른일곱 번밖에 나오지 않는다는 것을 증거로 제시했다. 그 자리에 참석했던 나는 그 점에 대해 깊은 확신을 가지게 되었다. 그 당시에 나도 사역을 하고 있었지만 주님을 따르는 순종에 관해서 그렇게까지 심도 있는 설교는 처음 들어 보았다. 나는 나의 삶을 돌아보기 시작했다. 진정 주님이 내 삶에서 최고의 권위를 행사하고 계시는가, 아니면 그냥 말로만 주님이라고 부르고 있을 뿐인가? 그분이 진정 내 마음의 왕좌에 앉으셔서 다스리고 계신가, 아니면 하나님을 예배한다고 하면서 사실은 다른 우상을 섬기고 있는 것은 아닌가?

나는 필리핀에서 미국의 집으로 돌아온 후 며칠 뒤에 집 중앙에 큰 의자를 하나 가져다 놓고 "이 의자는 내 마음의 중심에 있는 왕의 보좌를 의미합니다. 이 의자에 예수님이 으셔서 앉으시고 다스리시지 않는 한, 저는 이 방을 떠나지 않겠습니다"라고 기도를 드렸다. 내 삶의 모든 영역에서 예수님을 주인으로 인정하지 않고 그냥 말로만 주님이라고 부르던 것을 진심으로 회개했다. 종종 우리는 예수님께서 나의 삶의 영역에 개입해 들어오셔서 문제를 해결해 주시기를 바라는 부분에 대해서만 그분의 다스림을 인정한다. 그러나 주님은 인생의 모든 영역을 전부 다스리시는 주님이 되셔야만 한다. 거의 두 시간 동안 기도하면서 나는 그 의자를 맴돌았다. 기도하는 동안 수많은 생각이 떠올랐다. 나는 내 인생의 너무 많은 부분을 예수님께 맡기지 않고 예수님의 뜻대로 행하지도 않았으며, 오직 내가 주관하려고 했다는 점을 깨달았다. 심지어 풀타임 사역 자체도 예외는 아니었다. 나의 영혼이 하나님의 주권을 인정하고 굴복하는 그 일에 엄청난 갈등을 겪고 있는 사실도 알게 되었다. 나는 예수님의 주인 되심을 인정하면서 흐느껴 울었다. 그리고 주님이 나에게 무엇을 지시하시든지 무조건 따르겠다고 마음을 정했다.

그제야 주님은 나의 삶에 수많은 우상을 폭로해 주시기 시작했다. 첫째는 스포츠에 대한 열광이었다. 나는 스포츠 경기를 보는 것을 매우 즐겼다. 특히 나는 달라스 카우보이의 팬이어서 매주 주일 예배 후에 텔레비전 앞에 앉아서 그들의 경기를 즐기곤 했다.

일단 텔레비전에 앉으면, 집안일이고 뭐고 나는 전부 잊어버렸다. 아내가 도와 달라고 요청도 내 귀에는 들리지 않았다. 식사도 경기 중간 휴식 시간에 먹거나 다 끝난 후에 먹었다. 그럼에도 나는 스스로 신실한 기독교인이라고 자부하고 있었다. 나는 술, 담배, 거짓말, 간음 그 어느 것도 하지 않았기 때문이다. 그러나 하나님은 내가 섬기고 있었던 우상을 폭로하기 시작하셨다.

어느 주일 저녁, 나는 무지무지하게 흥미 있는 경기를 시청하고 있었다. 그런데 성령님께서 나에게 임하셔서 기도하라고 하셨다. 엄청난 영적 부담감이 있었기에, 당장에 기도해야만 한다는 것을 알고 있었다. 그러나 나는 주님께 이렇게 말씀드렸다. "주님, 이 경기는 8분 후면 끝납니다. 잠깐만 기다려 주세요. 기다려 주시면, 경기가 끝난 후에 제가 다섯 시간 동안 기도하겠습니다." 나는 '8분 정도는 괜찮겠지'라고 생각했다. 또 경기가 끝난 후 다섯 시간이나 (하나님께서 원하신다면) 그 이상도 기도할 용의가 있었다. 그런데 그러한 제안을 하나님께 드린 후에도, 영적인 부담감이 사라지지 않았다. 그래도 나는 경기가 끝날 때까지 다 보고 나서 기도 골방으로 들어갔다. 기도를 하려는데 영적인 부담감이 거짓말처럼 사라져 버렸다. 그때 내가 깨달은 것이 하나 있다. 하나님은 다섯 시간 동안 기도하는 것을 원치 않으셨다. 하나님께서 원하셨던 것은 단지 순종하는 것뿐이었다. 순종이 제사보다 낫다. 하나님께서 알기 원하셨던 것은 나에게 스포츠 경기가 우선이냐 아니면 하나님이 우선이냐 하는 바로 그것이었다.

내게 스포츠 경기가 하나님보다 우선인 것이 드러났다. 내가 먼저 그렇게 말한 적은 없다. 그렇지만 내가 어떻게 말하든지 상관없이, 나의 행동이 그것을 증명하고 있었다. 달라스 카우보이라는 팀을 나는 우상으로 만들었다. 나는 풀타임 사역자였으나, 하나님께 복종하기 위해 스포츠 경기를 떠나지 못했다. 하나님께서는 다음과 같이 분명히 말씀하셨다. "너희는 자기를 위하여 우상을 만들지 말지니 조각한 것이나 주상을 세우지 말며 너희 땅에 조각한 석상을 세우고 그에게 경배하지 말라 나는 너희의 하나님 여호와임이니라"(레 26:1). 물론 한 사람에게 우상인 것이 다른 사람에게도 우상이 되리라는 법은 없다. 문제는 우상이라는 대상이 아니라, 우상을 만들어 내는 사람이다. 무엇을 우상으로 섬기는 그 사람이 바로 우상을 만들어 내는 사람이다. 나는 하나님 앞에서 스스로를 겸손히 낮추고, 내 마음속에서 스포츠라는 우상을 제거해 달라고 기도드렸다. 엎드려 울면서 간구드릴 때, 우상은 내 마음속에서 무너져 내리기 시작했다. 그 이후로 나는 스포츠 경기를 더 이상 시청하지 않았고, 그러한 경기를 보아야만 한다는 갈망도 사라졌다. 물론 지금도 달라스 카우보이가 경기하는 것을 보기는 한다. 그러나 이전같이 그렇게 관심을 두지 않는다. 솔직히 말하자면, 이제는 미식축구에 대한 흥미가 없어져 버렸다.

　내 인생에 또 다른 우상이 있었는데 이는 골프였다. 나는 골프 치는 것을 참으로 즐겼다. 내 머릿속에는 항상 골프 칠 생각으로 가득 차 있었다. 골프를 치는 날이라면 새벽 네시 삼십분에 일어나서 골프장으로 가는 데 아무런 어려움이 없었다. 새벽 기도는 고투였지만 골프는 기쁨이었다. 하루는 기도하고 있는데, 갑자기 머릿속에 내가 좋아하는 9번 홀이 떠오르면서 골프를 치러 나가고 싶은 충동이 생겼다. 그때 주님은 이렇게 말씀하셨다. "존, 골프 클럽을 친구에게 선물해라." 나는 하나님의 음성을 들었지만 무시하려고 했다. 당시 나는 막 새 클럽을 샀는데 가방을 합쳐서 500불이나 하는 값비싼 클럽이었다. 내 차고에 보관해 두었던 클럽을 누가 훔쳐갔기에 보험회사에서 보상을 받아서 신상품으로 장만한 것이었다. 새로 산 클럽을 딱 한 번 사용해 보았는데 참으로 마음에 들었다. 내 마음속에서는 이런 생각이 계속 맴돌았다. '이 아까운 것을… 이번에 골프 클럽을 줘 버리면 두 번 다시 장만하기 어려울 텐데!' 나는 나흘간을 고민하다가, 결국 차를 몰고 아내와 함께 친구 집으로 향했다. 아내는 차를 타고 가는 도중에 이렇게 물었다. "여보, 하나님께서 진짜로 주라고 말씀하셨어요?" 그러나 나는 그 골프 클럽을 주고 나서 마음에 더 큰 기쁨을 누릴 수 있게 되었고, 더 이상 골프가 나에게 우상이 아님을 깨달았다. 그 결과 나는 하나님과 더 친밀한 사이가 되었다.

그런데 1년 뒤에 이상한 일이 발생했다. 어떤 사람이 아내에게 찾아와서는 "자동차 뒤 트렁크를 좀 열어 보세요. 제가 드릴 선물이 하나 있습니다"라고 말하면서, 골프 클럽 세트를 던져 넣었다. 그리고 플로리다로 이사했을 때 이사 간 지 몇 주일 안 되어서 프로골퍼 수준에 있는 어떤 사람이 우리를 찾아와서는 또 똑같이 "자동차 뒤 트렁크를 좀 열어 보세요. 제가 드릴 선물이 하나 있습니다"라고 말하더니, 2000불 상당의 좋은 골프 클럽을 통째로 안겨 주었다. 그는 "하나님께서 이 골프 클럽을 당신에게 주라고 말씀하셨습니다. 저는 이제 더 이상 골프를 치지 않으렵니다"라고 말했다. 처음에 나는 '나를 다시 얽어매려는 사탄의 수작이 아닌가?' 라고 생각했다. 그런데 하나님은 이렇게 말씀하셨다. "주는 것을 받아라. 내가 주는 선물이다."

첫 번째 골프 클럽은 창고에 1년 반 동안 그대로 방치되어 있었다. 그러나 이제는 종종 골프를 즐긴다. 골프를 치면서 쉼을 누리기도 하고 친교를 나누기도 한다. 하나님께서 골프를 다시 내 인생에 도입해 주신 것이다. 신선함을 회복하고 안식을 누리기 위해 이따금 재충전의 시간을 가지는 것은 중요하다. 골프는 이제 내 사고를 명확하게 하고 첨예화하는 데 도움을 주는 건전한 스포츠가 되었다. 물론 골프는 나의 인생에서 더 이상 우상이 아니다. 하나님께서 그만두라고 하시면, 언제든지 당장 그만둘 수 있다. 왜냐하면 나는 골프에 더 이상 사로잡혀 있지 않기 때문이다.

세 번째 우상은 음식이었다. 혹자는 "아니, 어떻게 음식이 우상이 될 수 있습니까?"라고 반문할 수도 있다. 그러나 무엇이든지 하나님보다 더 깊은 만족을 주는 것은 우상이다. 나는 살이 찌지는 않았지만 먹는 것을 너무나 즐겼다. 이 세상에서 먹는 시간이 가장 즐거웠다. 별로 배고프지 않을 때도 먹었고, 배가 부르면 잠시 쉬었다가 또 다시 먹었다. 나는 나 같은 사람을 많이 보았다. 술과 담배를 하지 않는 사람 중에 끊임없이 주전부리를 하는 사람들이 있다. 술과 담배는 종교적으로 금지되어 있다고 여기는 반면 음식은 그렇지 않다고 여긴다. 그래서 사회적으로 받아들여지는 수준에서 과식을 한다.

하나님께서 음식이 나에게 우상이라는 것을 폭로하신 방법은 스포츠가 우상이었던 것을 폭로하신 것과 흡사하다. 하루는 내가 제일 좋아하는 시리얼을 그릇에 붓고 있었다. 그때 하나님의 영이 말씀하셨다. "존, 오늘 아침 금식을 해라." 나는 그것이 하나님의 음성인 것을 금방 알아차렸다. 그러나 속으로 '세상에, 지금 무척 배가 고픈데! 나는 아침 식사를 상당히 즐기는 사람인데!'라고 생각했다. 그리고 다음과 같은 생각이 떠올랐다. '사무실로 나가기 전에 기도할 수 있는 시간은 10분밖에 안 되는데, 그 짧은 시간에 무슨 기도를 드릴 수 있겠어. 다음 주 월, 화, 수, 3일간 금식하는 편이 더 좋겠어.' 나는 하나님의 명령에 순종하는 것보다 내가 드리는 희생을 하나님께서 더 기뻐하실 것이라고 생각했다. 그래서 그날 아침에 시리얼을 먹었다. 하나님은 이 일을 통해 음식이 내게 우상인 것을 알려 주셨다. 식사하는 것을 하나님께 순종하는 것보다 더 원했기 때문이다. 그러한 진실이 나를 속박에서 해방시켜 주었다. 오늘날, 식사는 나의 삶에 올바르게 자리 잡았다. 나는 여전히 식사를 즐긴다. 그러나 일단 배가 부르기 시작하면 먹는 것을 그만둔다.

축복도 우상이 될 수 있는가?

이 세상에 어떤 것도 우상으로 바뀔 수 있다. 이스라엘 백성을 살펴보자. 그들은 금귀고리를 빼서 금송아지를 만들었다. 그 금귀고리는 이스라엘 백성이 애굽에서 나올 때에 하나님께서 선물로 주신 것이었다. "여호와께서 애굽 사람들에게 이스라엘 백성에게 은혜를 입히게 하사 그들이 구하는 대로 주게 하시므로 그들이 애굽 사람의 물품을 취하였더라"(출 12:36).

다시 한 번 더 말하지만, 우상은 그 자체로는 아무것도 아니다. 문제는 인간이 그것에 마음을 준다는 것이다. 마음이 하나님을 따르지 않고 자기가 원하는 것을 따라가는 것이 문제다. 물론 자기가 원하는 것을 하나님이 공급해 주시고 강력한 힘을 주시면, 하나님을 예배한다. 예를 들어, 이스라엘 백성을 위해 하나님께서 홍해를 가르시고 그들을 구원해 주셨을 때, 사람들은 뛰고 노래 부르며 하나님을 찬양했다. 하나님께서 모든 적을 바닷속에 침몰시키셨을 때에, 미리암과 여인들은 소고를 들고 춤추며 하나님을 찬양했다. 그러나 기적이 일어나지 않자 사람들은 비로소 그 본색을 드러내기 시작했다. 3일 후부터 본격적으로 불평하기 시작했다. 하나님을 믿고 따르던 무리가 어떻게 그렇게 급작스럽게 돌아서서 고마움을 저버린 망발을 할 수 있었을까? 그 이유는 아주 간단하다. 그들은 여전히 마음속에 우상을 섬기고 있었기에, 하나님 한 분만으로는 만족할 수 없었던 것이다. 그래서 하나님은 하염없이 이스라엘의 마음을 시험해 보셔야만 했다.

모세는 달랐다. 왜냐하면 상황에 관계없이 하나님을 신뢰했기 때문이다. 그는 하나님이 가까이 계시지 않은 것 같은 순간에도 하나님을 믿었다. 모세에게는 오직 한 가지 갈망, 즉 하나님을 알고자 하는 마음만 있었다. 그의 인생의 다른 모든 것은 바로 그 한 가지 목표에 맞추어져 있었다.

만약에 당신의 인생 목표가 하나님을 알아 가는 것 이외에 다른 것에 있다면, 이는 힘든 순간에 들통이 나게 되어 있다. 상황이 어렵고, 일이 꼬이고, 시험에 들려는 순간에 당신의 본색은 드러난다. 모든 우상 숭배의 핵심은 자기를 추구함이다. 그러한 이기적인 마음을 신약성경은 "탐심"이라고 부른다.

> 그러므로 땅에 있는 지체를 죽이라 곧 음란과 부정과 사욕과 악한 정욕과 탐심이니 탐심은 우상 숭배니라 골 3:5

탐한다는 것은 어떤 것을 강하게 원한다는 뜻이다. 탐심은 자기의 의지와 노력으로 무엇을 추구하는 사람의 마음이다. 그러나 천국에 들어가기에 충분한 대가를 치른 후에 모든 것을 버리고 예수님을 따르는 사람에게는 탐심이 작용할 수 없다. 물론 하나님은 그분이 이 세상에서 우리에게 쓰라고 주신 모든 것을 우리가 즐기고 많은 축복을 누리며 살기를 원하신다. 그렇지만 하나님보다 축복으로 받는 것들이 더 좋아지기 시작하면, 우상 숭배가 시작된다.

나는 한때 나흘 금식을 마치고 나서 어떤 결론에 도달한 적이 있다. 내 가슴이 그렇게 느꼈고 생각도 거기에 동의했다. 그래서 나는 하나님께 이렇게 기도드렸다. "하나님께서 나에게 많은 축복을 내려 주심에 감사드립니다. 그러나 그 축복이 하나님을 향한 사랑을 방해한다면, 저에게서 그 축복을 거두어 가십시오." 그때 갑자기 내 머리가 반발하기 시작했다. "아니, 그러다가 하나님께서 진짜로 모든 축복을 다 거두어 가시면 어떻게 하지?" 곧 내 마음의 중심으로부터 반응이 왔다. "하나님께 받은 여러 축복을 우상화하지 마라. 축복만 추구하지 말고, 축복을 주는 사람만 좇지도 마라." 갑자기 구약의 이야기가 떠올랐다. 이스라엘 백성은 그렇게도 원했던 약속의 땅인 가나안 땅에 들어간 후에 하나님의 은혜를 잊어버리고, 더 많은 풍요와 물질의 축복만을 구하면서 수많은 우상을 섬기게 되었다. 가나안에 정착한 이스라엘 백성에 대해 열왕기하 17장 10절은 이렇게 묘사한다. "모든 산 위에와 모든 푸른 나무 아래에 목상과 아세라 상을 세우고." 예레미야 선지자는 우상 숭배하는 이스라엘 백성에게 다음과 같은 울부짖음으로 호소했다.

> 요시야 왕 때에 여호와께서 또 내게 이르시되 너는 배역한 이스라엘이 행한 바를 보았느냐 그가 모든 높은 산에 오르며 모든 푸른 나무 아래로 가서 거기서 행음하였도다 그가 이 모든 일들을 행한 후에 내가 말하기를 그가 내게로 돌아오리라 하였으나 아직도 내게로 돌아오지 아니하였고 그의 반역한 자매 유다는 그것을 보았느니라 내게 배역한 이스라엘이 간음을 행하였으므로 내가

> 그를 내쫓고 그에게 이혼서까지 주었으되 그의 반역한 자매 유다가 두려워하지 아니하고 자기도 가서 행음함을 내가 보았노라 그가 돌과 나무와 더불어 행음함을 가볍게 여기고 행음하여 이 땅을 더럽혔거늘 렘 3:6-9

말라기에서 하나님은 예언자를 통해서 이스라엘의 제사장들에게 다음과 같은 말씀을 주셨다.

> 너희 제사장들아 이제 너희에게 이같이 명령하노라 만군의 여호와가 이르노라 너희가 만일 듣지 아니하며 마음에 두지 아니하여 내 이름을 영화롭게 하지 아니하면 내가 너희에게 저주를 내려 너희의 복을 저주하리라 내가 이미 저주하였나니 이는 너희가 그것을 마음에 두지 아니하였음이라 말 2:1-2

신약성경의 기록에 의하면 예수님께서는 보리떡 다섯 개와 물고기 두 마리로 수천 명을 먹이신 후에 강 건너편으로 가셨다. 그 다음 날 수천 명이 또 다시 예수님을 찾아왔다. 그러나 예수님은 먼 길을 힘들게 온 군중에게 위로하고 칭찬하기는커녕, 도리어 그들을 책망하셨다. 그들은 예수님이 누구라는 것을 알고 그분을 찾은 것이 아니라 먹고 배불렀었기에 다시 주님을 찾았기 때문이다. 아직도 많은 사람이 필요할 때만 하나님을 찾는다. 평안해지면 하나님을 잊어버리고 자신들의 우상에게로 돌아가서 그것을 즐기면서 살아간다.

　네 명의 아들을 둔 아버지로서 나는 자녀들을 사랑하고 그들에게 좋은 것을 주기를 원한다. 종종 나는 출장을 다녀올 때면 아이들에게 줄 선물을 사 가지고 온다. 나는 우리 아이들이 선물을 받을 때 그 얼굴에 떠오르는 환한 미소를 바라보는 것을 즐긴다. 그렇지만 그 아이들이 오직 선물에만 관심을 보이고, 나를 선물을 주는 사람으로만 대한다면 내 기분이 어떻겠는가? 만약에 어떤 사람이 내 아이들에게 선물을 줌으로써 우리 아이들의 마음을 빼앗아 간다면, 나의 기분이 어떨까? 그 사람은 내 아이들을 낳지도 않았고 기르지도 않았으며 그동안 정성으로 돌보지도 않았고, 내 아이들이 잘못했을 때 바른 훈육을 시키지도 않았다. 그런데 우리 아이들의 마음이 그에게 선물을 받는 것에 초점이 맞춰져 있다면 다른 사람에게도 금세 마음을 뺏길 것이다. 성경에서 하나님은 질투하시는 하나님이라고 밝히는 이유를 이제 이해할 수 있겠는가? 하나님은 우리를 만드신 아버지이시기에 자녀인 우리의 사랑을 갈망하신다. 하나님은 우리에게 무한히 주시는 분이시고, 또한 우리에게서도 그러한 사랑을 기대하신다.

　하루는 숲 속에서 예배 준비를 하면서 기도하고 있는데 주님의 음성이 들렸다. "존, 신자들에게 자신들이 나를 섬기는 만큼만 내가 그들을 돌봐 주기를 원하는지 물어 보아라. 그들이 내게 하는 만큼만 내가 신실해도 되겠느냐?" 즉시 나는 눈물로 회개했다. 그동안 우리 믿는 자들이 예수님을 어떻게 섬겨 왔는지를 생각하니

한심스러웠다. 예수님은 우리를 위해 자신의 전부를 주신 분이시다. "그러므로 자기를 힘입어 하나님께 나아가는 자들을 온전히 구원하실 수 있으니 이는 그가 항상 살아 계셔서 그들을 위하여 간구하심이라"(히 7:25). 우리를 위해 죽으심으로써 우리에게 자신의 전부를 주셨을 뿐만 아니라, 예수님은 중보를 통하여 지금도 우리에게 자신의 마음을 주고 계신다.

거룩한 신부

하나님은 "주님을 예비하도록" 예언적인 기름 부음을 내려 주신다. 기름 부음을 받은 이들이 전하는 말씀은 하나님의 백성을 씻기고 정결케 할 것이다. 그래서 신자들의 소망과 갈망을 오직 하나님께만 향하도록 해 줄 것이며, 우상을 섬기며 세상의 쾌락을 쫓는 것으로부터 구해 줄 것이다. 에베소서 5장 25-27절에서는 그리스도께서 교회를 위해 자신을 바치셨다는 말씀이 나온다. "남편들아 아내 사랑하기를 그리스도께서 교회를 사랑하시고 그 교회를 위하여 자신을 주심 같이 하라 이는 곧 물로 씻어 말씀으로 깨끗하게 하사 거룩하게 하시고 자기 앞에 영광스러운 교회로 세우사 티나 주름 잡힌 것이나 이런 것들이 없이 거룩하고 흠이 없게 하려 하심이라." 이 성경 구절에서 교회는 아내 또는 신부로 비유된다. 사도 바울은 남편과 아내의 관계로 그리스도와 신자들과의 관계를 설명한다. "이는 남편이 아내의 머리 됨이 그리스도께서 교회의 머리

됨과 같음이니 그가 바로 몸의 구주시니라 그러므로 교회가 그리스도에게 하듯 아내들도 범사에 자기 남편에게 복종할지니라"(엡 5:23-24).

이제 이렇게 한 번 상상해 보자. 약혼식에서 여자가 남자에게 "나는 앞으로 아주 좋은 아내가 될 것을 약속합니다. 맛있는 음식을 만들고, 집 안을 깨끗하게 청소해서 반들반들하게 해 놓겠습니다. 저는 당신에게 364일 동안 참으로 신실하고 믿을 만한 아내로 살아가겠습니다. 그러나 1년에 단 하루는 내 맘대로 살도록 허락해 주세요. 그날 나는 옛날 남자 친구와 간통을 하고자 합니다"라고 말할 때, 당신이 신랑이라면 그렇게 하라고 허락하겠는가? 아니 1년에 네 시간만 옛날 남자 친구와 놀아나겠다고 한다면 당신은 흔쾌히 허락하겠는가? 한 시간은 어떤가? 어떤 남자라도 그러한 제안을 받아들이지 않을 것이다. 누가 그런 여자와 결혼하고 싶겠는가? 아무리 요리를 잘하고 훌륭한 엄마가 되어 자녀들을 잘 키울지라도 그녀는 당신에게 마음을 전부 주지 않고 여전히 다른 사람을 사랑한다. 1년에 단 한 번만 간음을 한다 할지라도 말이다.

그런데 신랑 되신 예수님께서 간음하고 있는 신부를 맞이하러 오시는 것을 상상이나 할 수 있는가? 우상에 마음을 빼앗긴 교회와 혼인하러 오시겠는가? 그렇다면 이제 사도 바울이 왜 그렇게도 간곡하게 호소했는지 이해할 수 있을 것이다. "그런즉 내 사랑하는 자들아 우상 숭배하는 일을 피하라"(고전 10:14). 사도 요한도 동일하게 이렇게 선포했다. "자녀들아 너희 자신을 지켜 우상에게서 멀리

하라"(요일 5:21).

chapter 10

좋은 뿌리에
좋은 열매가 열린다

중요한 것은 하나님과 나와의 관계이지 법이 아니다.

> 그러므로 회개에 합당한 열매를 맺고 속으로 아브라함이 우리 조상이라 말하지 말라 내가 너희에게 이르노니 하나님이 능히 이 돌들로도 아브라함의 자손이 되게 하시리라 이미 도끼가 나무 뿌리에 놓였으니 좋은 열매 맺지 아니하는 나무마다 찍혀 불에 던져지리라
> 눅 3:8-9

뿌리가 좋으면 열매도 좋다

많은 사람이 회개를 할 때 열매만 생각할 뿐 뿌리는 생각하지 않는다. 나무에서 열매를 따면 다음에 또 열매가 열린다. 그러나 뿌리를 뽑아 버리면 열매는 더 이상 열리지 않는다. 그러므로 죄를 회개할 때는 죄를 만들어 내는 마음의 그릇된 동기인 뿌리를 뽑아내야 한다. 모든 죄에는 숨은 의도가 있다. 한 가지 죄에서 다른 죄로 계속 이어지는 경우라면, 그 배후에 이기적인 동기가 숨어 있을

것이다. 모든 죄악의 근원은 이기심이다. 반면에 하나님을 사랑하는 일에는 자기의 유익을 구하는 일이 없다. 참된 사랑은 "무례히 행하지 아니하며 자기의 유익을 구하지 아니하며 성내지 아니하며 악한 것을 생각하지 아니하기" 때문이다(고전 13:5). 하나님은 우리에게 견고하게 뿌리를 박은 뿌리 깊은 신자가 되기를 권고하신다. "믿음으로 말미암아 그리스도께서 너희 마음에 계시게 하시옵고 너희가 사랑 가운데서 뿌리가 박히고 터가 굳어져서"(엡 3:17). 온전한 사랑 가운데에 행한다면 죄를 짓지 않을 것이다. 이는 마치 좋은 뿌리에서 좋은 열매가 나오는 것과 같다. 하나님은 이기주의자가 아니시다. 하나님은 본래 주기를 즐거워하시는 성품을 지니셨다. 하나님은 사랑이시다. 그러므로 하나님의 사랑 안에서 뿌리내리기 위해서는 먼저 우리를 향하신 하나님의 사랑을 이해하는 것이 필요하다.

기독교인이 된 지 몇 년이 지난 후에, 차를 몰고 귀가하다가 주님의 음성을 들었다. "내가 너를 나 자신보다 더 소중히 여기는 것을 아니?" 나는 내 귀를 의심했다. 어떻게 하나님이 자신보다 나를 더 소중하게 생각하실 수 있을까? 내가 믿는 하나님은 천지만물을 창조하신 분이 아닌가? 그분은 하나님이 아니신가! 그래서 나는 하나님께 이렇게 대답했다. "주님, 주께서 지금 말씀하시는 것이 사실이라는 것을 증명할 성경 말씀 세 개를 주세요." 이에 하나님은 "빌립보서 2장을 보아라"고 말씀하셨다.

> 아무 일에든지 다툼이나 허영으로 하지 말고 오직 겸손한 마음으로 각각 자기보다 남을 낫게 여기고 빌 2:3

주님은 나에게 "바로 이것이 첫 번째 성경 구절이다"라고 말씀하셨다. 나는 하나님께 "주님, 주님은 주님과 나와의 관계를 말씀하고 계신 것이고, 사도 바울은 교회 안에서 교우끼리의 관계를 이야기하고 있는 것이지 않습니까?"라고 여쭈어 보았다. 그러나 하나님의 대답은 다음과 같았다. "존, 나는 나 자신이 직접 실천하지 않는 것을 나의 자녀들에게 하라고 강요하지 않는단다." 기독교 가정에 그렇게도 문제가 많은 이유가 바로 여기에 있다. 부모가 자녀들에게 하지 말라고 한 행동을 스스로는 잘도 한다는 것이다. 또 자녀들에게 하라고 해 놓고는 부모는 실천하지 않는다. 우리의 행동은 우리의 말보다 더 큰 영향력을 미친다. 아이들은 자라면서 배운 대로 따라하지 않고 본 대로 따라하게 되어 있다. 하지만 나는 여전히 잘 이해가 되지 않아 "하나님, 성경 구절을 두 개만 더 보여주세요"라고 기도드렸다. 그러자 주님은 "누가 십자가에 매달렸니? 너니, 아님 나니?"라고 물으셨다. 나는 가슴이 철렁했다. "나는 너의 죄, 너의 질병, 너의 연약함, 너의 가난, 너의 심판을 대신 지고 십자가에 매달렸다. 왜냐하면 나는 나보다 너를 더 소중히 생각했기 때문이다." 예수님은 죄를 전혀 범하지 않은 분이시다. 사실 예수님은 죄 많은 이 세상에 태어나실 필요조차 없으셨던 분이시다. 그분은 우리 인류 전부를 지옥 불에 던져 넣을 수도 있는 분이시다. "또 왼편에 있는 자들에게 이르시되 저주를 받은 자들아 나를 떠나 마귀와 그 사자들을 위하여 예비된 영원한 불에 들어가라"(마 25:41). 그럼에도 예수님은 자신을 위해서가 아니라 우리를 위해 세상에 오셨다. 다음 성경 구절은 하나님께서 나에게 허락하신 두 번째, 세 번째 증거다.

> 친히 나무에 달려 그 몸으로 우리 죄를 담당하셨으니 이는 우리로 죄에 대하여 죽고 의에 대하여 살게 하려 하심이라 그가 채찍에 맞음으로 너희는 나음을 얻었나니 벧전 2:24

> 형제를 사랑하여 서로 우애하고 존경하기를 서로 먼저 하며 롬 12:10

"존, 나는 많은 형제 중에 처음 난 자다"(롬 8:29)라고 주님은 말씀하셨다. 나는 이 대화를 나누기 전까지는 예수님의 사랑의 깊이를 다 이해하지 못했었다. 그러나 이제는 알고 있다. 하나님을 떠난 사람이 단 한 사람뿐이었다고 할지라도, 예수님은 그를 위해 똑같은 일을 감당하셨을 것이다. 이러한 종류의 사랑이 바로 천국의 기반이다. 우리의 믿음을 강하게 해 주고, 우리가 의지하며 살아갈 수 있는 것이 바로 이러한 사랑이다. 우리 신자들 간의 태도는 이 사랑에 기반을 두어야 한다.

섬길 것인가, 아니면 섬김을 받을 것인가?

수많은 거절을 경험하면서 사는 많은 사람은 이러한 사랑을 이해하지 못한다. 종종 아이들도 부모에게 거절당한다. 그런데 이 세상의 부모에게 거절이나 거부를 당한 경험은 하늘 아버지와의 관계에도 영향을 미친다. 그래서 하나님은 스스로를 다른 방식으로 계시해 주신다. 엘리야의 기름 부음에는 다음과 같은 목적이 있다. "그가 아버지의 마음을 자녀에게로 돌이키게 하고 자녀들의 마음을 그들의 아버지에게로 돌이키게 하리라 돌이키지 아니하면 두렵건대 내가 와서 저주로 그 땅을 칠까 하노라 하시니라"(말 4:6).

미국은 4, 50년대부터 국가적으로 아버지를 잃어버리기 시작했다. 자녀를 거부하는 아버지들의 중심에는 이기심이 자리 잡고 있다. 성공 지향적인 남자들의 삶을 위해서 아버지의 역할이 희생당했다. 혹은 게으름이 이유이기도 하다. 이제 하나님은 베풀어 주시는 분이 아니라 취하시는 분으로 여겨진다. 그래서 하나님이 주시는 은혜의 선물을 잘 받아들이지 못한다. 사랑이라는 것도 무엇을 잘해서 얻어 내야만 하는 성취로 생각하기 때문이다. 하나님을 이 땅의 아버지들처럼 생각해서 그분의 인정과 사랑도 스스로 해 낸 일의 대가로 생각하는 것이다.

수많은 교회 지도자와 아버지들은 하나님께서 맡겨 주신 자녀들이나 사람들보다 자신의 개인적인 목표를 더 중요하게 여긴다. 사람들을 그 목표를 성취하기 위한 수단으로 대한다. 그리고 그 목표를 달성하면 떠나 버린다. 그러므로 제자는 양육되지 않는다. 종교 지도자들은 하나님께서 맡겨 주신 양 무리를 위해 봉사하지는 않고, 충성하라고 강요만 한다. 즉 섬기려는 자세가 아니라 섬김을 받으려는 자세로 목회자들의 태도가 바뀌었다.

마지막 성찬을 하신 후에, 예수님께서는 수건을 허리에 두르시고 대야에 물을 담으신 후에 제자들의 발을 씻기시고 수건으로 닦아 주셨다. 그런 후 예수님은 다음과 같이 말씀하셨다.

> 그들의 발을 씻으신 후에 옷을 입으시고 다시 앉아 그들에게 이르시되 내가 너희에게 행한 것을 너희가 아느냐 너희가 나를 선생이라 또는 주라 하니 너희 말이 옳도다 내가 그러하다 내가 주와 또는 선생이 되어 너희 발을 씻었으니 너희도 서로 발을 씻어 주는 것이 옳으니라 내가 너희에게 행한 것 같이 너희도 행하게 하려 하여 본을 보였노라 요 13:12-15

예수님은 이러한 리더십으로 우리를 부르신다. 기독교 지도자는 섬기는 사람이지 섬김을 받는 사람이 아니다. 나는 더 정확하게 말하기를 원한다. 예수님은 자신을 팔아먹을 가룟 유다의 발까지도 씻겨 주셨다. 자신을 배반할 자도 섬기신 것이다. 예수님은 자신의 삶과 사역을 방어하기 위해 그분의 권위를 사용하신 분이 아니다.

얼마나 많은 경우에 리더들이 자신의 권위에 도전하는 자들을 그만두게 하는가? 사실 그들은 부르심에 확신이 없어서 그러한 행동을 한다. 사랑 안에서 온전하게 서 있지도 못한다. 항상 자신의 것을 빼앗길까 봐 의심하고 두려워한다. 사울 왕 역시 이렇게 행동했다. 백성의 마음이 다윗에게로 쏠리는 것을 감지한 사울은 다윗을 죽이려고 했다. 사울 왕의 신하들은 두려움 때문에 사울을 섬겼다. 그러나 다윗의 신하들은 다윗을 사랑하기에 그를 섬겼다. 다윗의 신하들은 다윗이 하나님의 마음에 합한 자라는 것을 알았다. 그리고 진정으로 그의 부하들을 사랑하는 리더라는 것도 알았다. 그래서 다윗이 베들레헴의 우물에서 물을 마시고 싶다는 말을 꺼내자 세 명의 부하가 자신들의 목숨을 내걸고 적진을 통과해서 물을 구해 온 것이다. 과연 무엇이 그렇게 충직한 부하들을 만들어 냈을까? 다윗이 얼마나 부하들을 아끼고 사랑했는지 부하들이 물을 얻어 왔을 때 그의 행동을 보면 알 수 있다. 다윗은 그 물을 마시기를 거부했다. 왜냐하면 다윗 자신의 개인적인 욕망 때문에 세 명의 군사가 목숨을 잃을 뻔했음을 알았기 때문이다. 사울과 다윗은 대조되는 점이 있다. 사울은 존경을 요구했지만, 다윗은 자연적으로 존경을 받는 인물이었다.

제자들의 발을 다 씻기신 후에 예수님은 놀라운 말씀을 해 주셨다.

> 새 계명을 너희에게 주노니 서로 사랑하라 내가 너희를 사랑한 것 같이 너희도 서로 사랑하라 너희가 서로 사랑하면 이로써 모든 사람이 너희가 내 제자인 줄 알리라 요 13:34-35

예수님은 그분처럼 우리도 서로 사랑하라고 명령하신다. 제안이 아니다. 오직 겸손한 마음으로 각각 자기보다 남을 낫게 여기라. 신자가 이렇게 이기심을 버리고 사랑의 삶에 뿌리내린다면, 죄의 열매는 사라질 것이다. 우리는 이기적인 동기에서 자유케 될 것이다. 이러한 사랑 때문에 세상은 우리가 참된 제자임을 알게 될 것이라고 예수님은 말씀하셨다. 세상 사람들은 설교만 듣고서는 우리가 예수님의 제자인 줄을 알지 못한다. 그들은 예수님을 믿으면 삶이 바뀐다는 말에 이제 질렸다. 그들은 기독교인 안에서 역사하시는 인간을 변화시키는 하나님의 능력을 보기 원한다. 그러나 그 능력은 단지 기적을 일으키는 능력이 아니다. 말세 때에 거짓 표적과 기사가 많이 발생할 것이라고 성경은 경고한다. "악한 자의 나타남은 사탄의 활동을 따라 모든 능력과 표적과 거짓 기적과"(살후 2:9). 기적은 눈길을 끄는 정도에서 멈추게 하지만 사랑은 하나님 안에 머물게 해 준다. 우리가 재정적으로 부요하면, 세상이 하나님의 살아 계심을 알게 되리라고 설교하는 목회자들도 있다. 그러나 전혀 그렇지 않다. 세상 사람들은 기독교인들의 탐심을 보고 교회를 조롱한다. 교회에 만연한 질투, 경쟁, 거만, 독단을 보고 손가락질한다. 그리고 그 배후에 숨어 있는 기독교인들의 이기심을 뚫어지게 바라보고 있다.

너희가 나를 사랑하면

예수님께서 사랑하신 그대로 사랑하라는 이 명령을 어떻게 지킬 수 있을까? 어떻게 그러한 사랑의 삶을 살 수 있을까? 하나님이 인간에게 하라고 명령하신 것이라면 절대로 불가능한 일이 아닐 것이다. 그러나 우리 스스로의 힘으로 하려고 하면, 그것은 불가능하다. 하나님께서 우리가 행하기에 불가능한 것을 하라고 명령하실 리는 없다. 다음 명령을 자세히 살펴보라.

> 너희가 나를 사랑하면 나의 계명을 지키리라 요 14:15

내가 사역을 시작하려고 하는 시점에서 하나님께서는 나의 마음을 이 성경 구절로 인도해 주셨다. "존, 네가 나를 진정으로 사랑한다면, 나의 명령을 지킴으로써 그것을 증명할 것이다"라는 성령님의 음성을 들었다. 잠시 주저하는 나에게 성령님은 그 성경 구절을 다시 한 번 더 읽어 보라고 하셨다. 그래도 깨닫지 못하자 성령님은 거듭 반복해서 읽으라고 하셨다. 마지막으로 나는 "주님, 나의 무지함을 용서해 주시옵소서. 주님이 나에게 하시려는 말씀을 알아듣기 원합니다"라는 기도를 드렸다. 그때 주님은 말씀하셨다. "존, 네가 나의 계명을 지키면 네가 나를 사랑한다는 것이 증명된다는 것이 아니다. 나는 네가 나를 사랑하고 있는지 아닌지 이미 알고 있다. 그러나 나를 진정으로 사랑하는 그 사랑에 빠진다면, 너는 나의 명령을 지킬 수 있는 능력을 소유하게 될 것이라는 말이란다."

결국 중요한 것은 하나님과 나와의 관계이지 법이 아님을 발견했다. 나는 하나님의 명령을 하나의 법으로 생각했었다. 오늘날 많은 기독교인이 같은 오류를 범하고 있다. 치유에 이르는 일곱 단계 내지는 구원에 이르는 사영리, 성령 세례 등등을 들이대면서, 하나님과의 인격적인 관계에서 형성되는 영적인 부분을 훼손시킨다. 하나님은 그들이 만들어 낸 성경 공부 교재나 제자 훈련이라는 틀 속에 갇힌 분이 아니시다. 그들은 하나님을 신앙 체계라는 상자 속에 넣었다가 필요하면 꺼내어 사용하는 존재로 전락시켜 버렸다. 그래서 그들은 왜 그렇게 죄와 투쟁을 벌여야 하는지 의아해한다. 왜 예수님의 명령을 지키기가 그렇게도 어려울까? 왜냐하면 하나님을 사랑하는 것에 믿음의 뿌리가 박히지 않았기 때문이다.

예를 들어 보겠다. 당신은 사랑에 빠져 본 적이 있는가? 나는 아내 리사와 약혼했을 때, 그녀와 깊은 사랑에 빠졌다. 머릿속은 항상 그녀 생각으로 가득했다. 나는 그녀와 만나고 싶었고, 함께 많은 시간을 보내고 싶었기에 같이 시간을 보낼 궁리만 했다. 그녀가 원하는 것이 있으면, 시간이 몇 시든지 내가 뭘 하고 있었든지 상관없이 운전을 해서는 그것을 가져다주곤 했다. 리사에 관해서 말해 보라고 하는 사람도 없는데, 나는 항상 입만 열면 그녀가 얼마나 사랑스러운지 자랑했다.

그녀에 대한 나의 강렬한 사랑은 그녀가 원하는 것이라면 무엇이든지 하게 하였고 그것도 기쁨에 넘쳐서 하게 했다. 그러나 내가 그녀를 사랑한다는 증거를 보이기 위해 그렇게 한 것은 아니었다. 나는 그저 그녀를 사랑하기에 그 모든 일을 한 것뿐이었다. 그녀는 나의 모든 관심을 독차지했다. 나는 그녀에게 나의 애정을 쏟아 부었다. 이전에 사귀었던 여자 친구들은 모두 머릿속에서 사라져 버렸다. 다른 여자는 더 이상 원하지 않게 되었다. 나는 오직 리사만 원했고, 내 눈에 넣어도 아프지 않을 사람으로 여겼다.

그러나 결혼 후 몇 년이 지난 후에 나의 관심은 아내인 리사에게서 목회 사역으로 옮겨져 버렸다. 그래서 급기야는 그녀를 위해 작은 일을 하는 것도 성가시게 느끼는 상태에 이르렀다. 리사는 더 이상 내 관심의 대상이 아니었다. 크리스마스, 결혼기념일, 생일에 선물을 주는 것도 의무처럼 여겨졌다. 심지어 귀찮을 정도였다. 우리의 결혼 생활에 문제가 생겼다. 첫사랑이 죽어가고 있었다. 첫사랑처럼 강렬한 사랑이 없었기에, 우리는 함께하는 데 어려움을 겪었다. 그러나 하나님은 나의 마음을 바꿔 주시고, 내가 얼마나 이기주의자인지 생생하게 보여 주셨다. 감사하게도 하나님은 우리의 첫사랑을 다시 회복시켜 주셨고, 우리의 결혼 생활을 치유해 주셨다. 이제 다음의 성경 구절을 더 잘 이해할 수 있으리라 생각한다.

> 그러나 너를 책망할 것이 있나니 너의 처음 사랑을 버렸느니라 그러므로 어디서 떨어졌는지를 생각하고 회개하여 처음 행위를 가지라 만일 그리하지 아니하고 회개하지 아니하면 내가 네게 가서 네 촛대를 그 자리에서 옮기리라 계 2:4-5

여기에서 예수님은 교회를 향하여 말씀하신다. 회개하여 처음 행위를 가지라는 말씀의 의미는 무엇일까? 요한계시록 2장 첫 부분을 보라. "내가 네 행위와 수고와 네 인내를 알고 또 악한 자들을 용납지 아니한 것과…" 그러므로 이 말씀은 한때 교회에 나오다가 더 이상 나오지 않는 비활동 교인에게 하시는 말씀이 아니다. 그렇다면 부활하신 예수님은 왜 "회개하여 처음 행위를 가지라"고 말씀하셨을까? 그 이유는 그들이 예수님께 봉사하기는 하되, 예수님을 사랑하는 마음에서 봉사하는 것이 아니라 의무감에서 하는 것으로 바뀌었기 때문이다. 예수님은 "회개하라. 너희의 마음을 바꾸어라. 나를 향한 너희들의 사랑이 돌아오게 하라. 우상을 버리고 다시 나를 사랑하라. 교회의 전통에 얽매여서 나를 섬기지 말고 오직 나를 사랑하는 동기에서 하라"고 말씀하신 것이다.

우리의 마음이 하나님을 향한 사랑에 뿌리내리고 있다면, 그분의 명령을 지키는 일은 부담이 아니라 도리어 기쁨이 될 것이다. 그렇다면 어떻게 해야 하나님과 사랑에 빠지고 그 사랑을 유지할 수 있을까?

> 그러므로 너희가 그리스도와 함께 다시 살리심을 받았으면 위의 것을 찾으라 거기는 그리스도께서 하나님 우편에 앉아 계시느니라 위의 것을 생각하고 땅의 것을 생각하지 말라 이는 너희가 죽었고 너희 생명이 그리스도와 함께 하나님 안에 감추어졌음이라 우리 생명이신 그리스도께서 나타나실 그 때에 너희도 그와 함께

> 영광 중에 나타나리라 그러므로 땅에 있는 지체를 죽이라 곧 음
> 란과 부정과 사욕과 악한 정욕과 탐심이니 탐심은 우상 숭배니라
> 골 3:1-5

당신이 추구하는 것에 당신은 관심을 보이게 되어 있다. 그리고 깊은 관심이 가는 곳에 깊은 애정도 함께 따라간다. 성공을 추구하는 사람들은 성공하는 일에 열정을 가진다. 나의 경우에는 약혼 시절에 그러한 관심과 애정이 전부 리사에게로 향했었다. 그래서 나는 더 많은 시간을 리사와 함께 보내기를 갈망했다. 하나님과의 관계도 마찬가지다. 하나님을 추구할수록 하나님께 더 많은 애정이 간다. 그러나 많은 기독교인이 하나님께 대한 애정을 느끼지 못하고 있다. 그들은 교회에 출석하고, 성가대를 하고, 찬양을 드리며, 기도하고, 목사의 설교에 고개를 끄덕이며, 목회 사역을 돕지만, 의무감에서 그렇게 하는 것뿐이다. 그러나 덩하니 앉아 있던 신자에게 그들이 관심 있는 축구 경기에 관해서 말을 꺼내면, 아까와는 다른 태도로 신나게 이야기한다. 우리가 관심과 애정을 쏟는 부분은 어디인가? 하나님에 대한 깊은 애정 없이 그냥 교회에 출석하는 교인은 깊은 사랑이나 관심 없이도 그냥 사는 부부와 같다. 내가 처음으로 달라스 카우보이 팀의 축구 경기를 관람할 때, 나는 흥미를 조금 느꼈다. 그러나 보면 볼수록 스포츠 경기가 나의 관심을 끌었다. 그러다가 나는 거기에 빠져 버렸다. 그래서 결국 스포츠 경기는 나에게 우상이 되었다. 마찬가지로 예수님을 가까이 하

면 할수록 우리는 예수님과 가까워진다. 예수님을 구할수록 예수님은 더 많이 자신을 나타내 보이신다. 하나님을 사랑하는 그 열정이 당신을 불사를 정도로 하나님을 깊이 사랑해 보라. 요한복음 14장의 말씀은 진리의 말씀이다.

> 나의 계명을 지키는 자라야 나를 사랑하는 자니 나를 사랑하는 자는 내 아버지께 사랑을 받을 것이요 나도 그를 사랑하여 그에게 나를 나타내리라 요 14:21

하나님의 임재를 경험할수록 우리는 더 많이 경험하기를 갈망하게 된다. 하나님께서 가까이 계시지 않은 것처럼 느껴지는 순간에도 우리는 하나님을 추구해야 한다. "너희가 온 마음으로 나를 구하면 나를 찾을 것이요 나를 만나리라"(렘 29:13)는 말씀은 하나님의 진리의 말씀이다. 핵심은 전심으로 하나님을 찾는 것이다. 무척 소중한 귀중품을 잃어버렸다면, 한 5분 정도 찾다가 못 찾았다고 그냥 포기해 버리겠는가? 아마 아무리 시간이 오래 걸려도 찾을 때까지 계속 뒤져 볼 것이다. "믿음이 없이는 하나님을 기쁘시게 하지 못하나니 하나님께 나아가는 자는 반드시 그가 계신 것과 또한 그가 자기를 찾는 자들에게 상 주시는 이심을 믿어야 할지니라"(히 11:6). 우리는 하나님을 만날 때까지 찾아야 한다. 하나님의 약속을 믿으라. 전심으로 찾으면 반드시 만나게 될 것이다. 우리가 원하는 때가 아닐지라도, 하나님의 때에 그분을 만나게 될 것이다.

골로새서 3장 5절을 보라. "그러므로 땅에 있는 지체를 죽이라 곧 음란과 부정과 사욕과 악한 정욕과 탐심이니 탐심은 우상 숭배니라." 죄는 율법의 일로는 없어지지 않는다. 죄는 오직 주님을 열심히 찾아야만 없어진다. 우리가 열심히 주님을 구하면 그분을 향한 사랑이 우리 마음에 자리 잡게 된다. 그러면 육신의 욕심은 죽게 되어 있다. 예수님을 사랑하고 그분에 대한 애정이 더하면 더할수록 그분의 명령을 따르기가 쉬워진다. 그러나 얼마나 많은 기독교인이 하나님과의 바른 관계를 추구하지 않고 억지로 육의 일을 십자가에 못 박으려 하는가! 이제 사도 바울의 말을 이해하게 되었을 것이다. "내가 이르노니 너희는 성령을 따라 행하라 그리하면 육체의 욕심을 이루지 아니하리라"(갈 5:16). 성령 안에 있으면 육체의 욕심은 자동적으로 죽게 되어 있다.

인간을 창조하신 하나님의 목적이 바로 여기에 있다. 에덴동산에서 아담이 어떻게 지냈는지 잘 관찰해 보면 창조의 목적을 알게 될 것이다. 하나님이 아담을 에덴동산에 두신 이유는 성공적인 치유 사역을 위해서도 아니고, 복음을 전하라고 하신 것도 아니며, 귀신을 내쫓으라는 것도 아니고, 대형 교회를 세우라는 목적도 아니었다. 하나님은 교제하기를 원하셨기 때문에 아담을 창조하셨다. 오늘날에도 하나님의 목적은 변하지 않았다. 인간을 향하신 하나님의 목적은 관계에 있다. 하나님은 우리와의 관계를 갈망하신다. 하나님은 종교적인 기도를 드릴 사람을 찾으시는 것이 아니라 신령과 진정으로 하나님과 친밀한 시간을 보낼 사람을 찾으신다.

내가 사랑하는 법을 적은 카드를 손에 들고 아내와 친밀한 관계를 맺으러 가는 우스꽝스러운 광경을 상상해 볼 수 있는가? 첫째 단계: 아내에게 예쁘다고 말하라. 둘째 단계: 그녀의 손을 잡아라. 셋째 단계: 그녀의 눈을 쳐다보며, "여보 사랑해요"라고 말하라. 이렇게 하면 아내와 친밀감을 절대 형성할 수 없을 것이다. 그런데 많은 사람이 이와 같은 방법으로 하나님께 접근하려고 한다. 그러나 하나님께 접근하려면 율법적인 방법은 통하지 않는다. 오직 하나님의 임재를 바라는 갈망과 마음에서 우러나오는 대화만이 절실히 요구된다. 우리는 죄를 미워해야 한다. 왜냐하면 죄는 우리와 하나님 사이를 갈라놓기 때문이다.

아내와 나의 관계를 사용하여 하나님과의 관계를 좀 더 설명해 보고자 한다. 내가 아내와 서로 대화하는 시간을 매일 아침 다섯시에서 여섯시 사이로 정해 놓았다고 하자. 그러면 내 아내는 하고 싶은 말이 있을지라도 매일 아침 다섯시까지 기다려야 할까? 나아가 서로 대화 나누는 시간에 아내에게는 한마디도 말할 기회를 주지 않고, 나 혼자서 한 시간 내내 이야기하는 것은 어떠한가? 그렇게 한다면 우리 부부 관계는 어떻게 되겠는가? 여섯시 정각이 되자마자 내가 말을 그치고 어디론가 사라져 버린다면 아내는 황당하지 않겠는가? 아내와 나는 도대체 어떤 사이인가?

바로 그와 같은 것을 나는 하나님과의 관계에서 느꼈다. 나는 매일 아침 다섯시에서 일곱시까지 두 시간 동안 기도를 드렸었다. 나는 사막을 거닐면서도 두 시간 동안 아주 성실하게 하나님께 기도드렸다. 나는 기도 목록과 기도 내용을 철저하게 적어 보관하고 있었고, 기도 중에 구체적으로 하나님께 보고 드리며, 간구와 요청도 빠짐없이 하곤 했다. 나는 나의 성실성과 철저함에 대해서 큰 자부심을 가졌다. 그런데 하루는 두 시간의 기도를 마치고 집으로 돌아오는데, 하나님의 영이 나의 심령을 마구 흔들었다. "나는 너의 나머지 스물두 시간이 더 좋구나!" 그리고는 다음과 같이 설명해 주셨다. "존, 너는 일곱시만 되면 기도를 딱 끝내 버리고 나를 너의 삶에서 밀쳐 내고서 네 자신의 일만 하는구나." 하나님은 기도 시간 외에도 내 마음이 항상 하나님께 열려 있기를 원하셨다. 그것이 바로 하나님과 친한 친구가 되는 정상적인 방법이기 때문이다. 사실 그 이후로 나는 놀라운 일들을 경험했다. 내가 정해 놓고 기도하는 시간이 아니라, 자동차를 운전하거나 샤워를 하거나 잔디를 깎거나 아니면 다른 사람들과 이야기를 나눌 때에도 하나님으로부터 놀라운 계시가 임했다. 하나님의 성령은 언제나 우리와 함께하신다. 물론 오해하지 말기 바란다. 기도실이나 골방에 들어가서 하나님과 만나는 시간이나 경건의 시간은 모두 중요하다. 그러나 의무감이 아닌 하나님과의 교제를 갈망하는 동기에서 그렇게 해야 한다. 그러면 그때 형성된 친밀한 관계가 종일 지속될 것이다.

안타깝게도 너무나도 많은 사람이 상투적이고 틀에 박힌 종교 생활에 젖어 있다. 찬양과 경배를 드리고 장시간의 기도도 드리지만, 성령님과의 교통이 없는 경우도 허다하다. 그러면서 도대체 성령의 타는 불이 어디로 갔는지 의아해한다. 왜 그렇게 하나님을 지루하게 섬기는가? 영원한 하나님의 일보다 이 세상에서 잠시 누리는 쾌락에 왜 당신은 사로잡혔는가? 그 해답은 역시 당신이 창조의 목적으로부터 멀어졌기 때문이다. 즉, 살아 계신 하나님과의 교제가 없기 때문이다.

예수님께서는 회개하고 첫사랑을 되찾으라고 책망하셨다. 의무감에 사로잡혀서가 아니라 불타는 사랑으로 예수님을 섬기라. 그분을 사랑함이 당신의 동기라면, 자연히 회개에 합당한 열매를 맺게 될 것이다. 열매가 당장 열리지는 않을지라도 결국은 나타나게 되어 있다. 회개는 열매가 확연히 드러날 때까지는 아직 완성된 것이 아니다. 그러므로 어떠한 방해가 있을지라도 절대로 중단하지 말고 그리스도 안에서 부르심을 따라 달음질하면서, 무엇보다 하나님을 더 알아 가기에 힘쓰는 자들이 되라! 주 예수 그리스도 안에서 하나님의 은혜와 임재가 당신과 함께하기를 축복한다.

> 능히 너희를 보호하사 거침이 없게 하시고 너희로 그 영광 앞에 흠이 없이 기쁨으로 서게 하실 이 곧 우리 구주 홀로 하나이신 하나님께 우리 주 예수 그리스도로 말미암아 영광과 위엄과 권력과 권세가 영원 전부터 이제와 영원토록 있을지어다 아멘 유 1:24-25

순전한 나드 도서안내   02-574-6702

No.	도서명	저자	정가
1	존 비비어의 승리〈개정판〉	존 비비어	12,000
2	교회를 뒤흔드는 악령을 대적하라	프랜시스 프랜지팬	5,000
3	교회를 어지럽히는 험담의 악령을 추방하라	프랜시스 프랜지팬	5,000
4	그리스도인의 삶의 비결〈개정판〉	진 에드워드	9,000
5	존 비비어의 친밀감〈개정판〉	존 비비어	14,000
6	내게 신선한 기름을 부으셨나이다	허 철	9,000
7	내어드림〈개정판〉	프랑소와 페넬롱	7,000
8	더 넓게 더 깊게	메릴린 앤드레스	13,000
9	존 비비어의 축복의 통로〈개정판〉	존 비비어	8,000
10	부서트리고 무너트리는 기름부으심	바바라 J. 요더	8,000
11	사도적 사역	릭 조이너	12,000
12	사사기	잔느 귀용	7,000
13	상한 마음을 치유하는 기도	마크 & 패티 버클러	15,000
14	상한 영의 치유1	존 & 폴라 샌드포드	17,000
15	상한 영의 치유2	존 & 폴라 샌드포드	13,000
16	성령님을 아는 놀라운 지식	허 철	10,000
17	속사람의 변화 1	존 & 폴라 샌드포드	11,000
18	속사람의 변화 2	존 & 폴라 샌드포드	13,000
19	아가서	잔느 귀용	11,000
20	악의 속박으로부터의 자유	릭 조이너	9,000
21	어머니의 소명	리사 하텔	12,000
22	여정의 시작	릭 조이너	13,000
23	영광스러운 교회에 보내는 메시지 1	릭 조이너	10,000
24	영분별〈개정판〉	프랜시스 프랜지팬	4,000
25	영적 전투의 세 영역〈개정판〉	프랜시스 프랜지팬	11,000
26	예레미야	잔느 귀용	6,000
27	예수 그리스도와의 친밀함	잔느 귀용	7,000
28	예수님을 닮은 삶의 능력〈개정판〉	프랜시스 프랜지팬	12,000
29	예수님을 향한 열정〈개정판〉	마이크 비클	12,000
30	잔느 귀용의 요한계시록〈개정판〉	잔느 귀용	13,000
31	인간의 7가지 갈망하는 마음	마이크 비클 & 데보라 히버트	11,000
32	저주에서 축복으로	데릭 프린스	6,000
33	주님, 내 마음을 열어주소서	캐티 오츠 & 로버트 폴 램	9,000
34	지구상에서 가장 강력한 기도	피터 호로빈	7,500
35	축사사역과 내적치유의 이해 가이드	존 & 마크 샌드포드	20,000
36	출애굽기	잔느 귀용	10,000
37	하나님과 동행하는 사람들〈개정판〉	샨 볼츠	9,000
38	하나님과 사람에게 더욱 사랑스러운 자	듀안 벤더 클럭	10,000
39	하나님과의 연합	잔느 귀용	7,000
40	하나님을 연인으로 사랑하는 즐거움	마이크 비클	13,000
41	하나님 마음에 합한 사람	마이크 비클	13,000
42	하나님의 아름다움을 바라보는 축복	허 철	10,000
43	하나님의 요새〈개정판〉	프랜시스 프랜지팬	9,000
44	하나님의 장군의 일기〈개정판〉	잔 G. 레이크	6,000
45	항상 배가하는 믿음〈개정판〉	스미스 위글스워스	13,000
46	항상 부족함이 없으리로다	롤랜드 & 하이디 베이커	10,000
47	혼동으로부터의 자유	릭 조이너	5,000
48	혼의 묶임을 파쇄하라	빌 & 수 뱅크스	10,000
49	존 비비어의 회개〈개정판〉	존 비비어	11,000
50	금식이 주는 축복	마이크 비클 & 다나 캔들러	12,000
51	부활	벤 R 피터스	8,000

PURE NARD BOOKS

No.	도서명	저자	정가
52	거절의 상처를 치유하시는 하나님	데릭 프린스	6,000
53	존 비비어의 분별력〈개정판〉	존 비비어	13,000
54	통제 불능의 상황에서도 난 즐겁기만 하다	리사 비비어	12,000
55	어린이와 십대를 위한 축사사역	빌 뱅크스	11,000
56	빛은 어둠 속에 있다	패트리샤 킹	10,000
57	목적으로 나아가는 길	데보라 조이너 존슨	8,000
58	지도자의 넘어짐과 회복	웨이드 굿데일	12,000
59	하나님의 일곱 영	키이스 밀러	13,000
60	너희 지체를 의의 병기로 하나님께 드리라	허 철	8,000
61	세계를 변화시키는 능력	릭 조이너	12,000
62	왕의 자녀의 초자연적인 삶	빌 존슨 & 크리스 밸러턴	13,000
63	믿음으로 산 증인들	허 철	12,000
64	욥기	잔느 귀용	13,000
65	나라를 변화시킨 비전: 윌리엄 테넌트의 영적인 유산	존 한센	8,000
66	세상을 다스리는 권세의 회복	레베카 그린우드	10,000
67	창세기 주석	잔느 귀용	12,000
68	하나님의 강	더치 쉬츠	13,000
69	당신의 운명을 장악하라	알렌 키란	13,000
70	자살	로렌 타운젠드	10,000
71	그리스도인의 영적혁명	패트리샤 킹	11,000
72	초자연적 중보기도	레이첼 힉슨	13,000
73	나는 하나님의 음성을 듣는다	킴 클레멘트	11,000
74	하나님의 초자연적인 능력	바비 코너	11,000
75	사랑하는 하나님	마이크 비클	15,000
76	일곱 교회 이기는 자에게 주시는 축복	허 철	9,000
77	초자연적 경험의 신비	짐 골 & 줄리아 로렌	13,000
78	웃겨야 살아난다	피터 와그너	8,000
79	폭풍의 전사	마헤쉬 & 보니 차브다	13,000
80	천국 보좌로부터 온 전략	샌디 프리드	11,000
81	속죄	데릭 프린스	13,000
82	신의 성품에 참예하는 자	허 철	8,000
83	예언, 꿈, 그리고 전도	덕 애디슨	13,000
84	아가페, 사랑의 길	밥 멈포드	13,000
85	불타오르는 사랑	스티브 해리슨	12,000
86	능력, 성결, 그리고 전도	랜디 클락	13,000
87	종교의 영	토미 펨라이트	11,000
88	예기치 못한 사랑	스티브 J. 힐	10,000
89	모르드개의 통곡	로버트 스턴스	13,500
90	1세기 교회사	릭 조이너	12,000
91	예수님의 얼굴〈개정판〉	데이비드 E. 테일러	13,000
92	토기장이 하나님	마크 핸비	8,000
93	존중의 문화〈개정판〉	대니 실크	13,000
94	제발 좀 성장하라!	데이비드 레이븐힐	11,000
95	정치의 영	파이살 말릭	12,000
96	치유 사역 훈련 지침서	랜디 클락	12,000
97	헤븐	데이비드 E. 테일러	13,000
98	더 크라이	키스 허드슨	11,000
99	천국 여행	리타 베넷	14,000
100	파수 기도의 숨은 능력	마헤쉬 & 보니 차브다	13,000
101	지저스 컬처	배닝 립스처	12,000
102	넘치는 기름부음	허 철	10,000

PURE NARD BOOKS

No.	도서명	저자	정가
103	거룩한 대면	그래함 쿡	23,000
104	믿음을 넘어선 기적	데이브 헤스	10,000
105	영적 전쟁의 일곱 영	제임스 A. 더함	13,000
106	영적 전쟁의 승리	제임스 A. 더함	13,000
107	기적의 방을 만들라	마헤쉬 & 보니 차브다	12,000
108	개인적 예언자	미키 로빈슨	13,000
109	어둠의 영을 축사하라	짐 골	13,000
110	보좌를 향하여	폴 빌하이머	10,000
111	적그리스도의 영을 정복하라	샌디 프리드	13,000
112	성령님 알기	마헤쉬 & 보니 차브다	12,000
113	십자가의 권능	마헤쉬 & 보니 차브다	13,000
114	성령이 이끄시는 성공	대니 존슨	13,000
115	축복의 능력	케리 커크우드	13,000
116	하나님의 호흡	래리 랜돌프	11,000
117	아름다운 상처	룩 홀터	11,000
118	하나님의 길	덕 애디슨	13,000
119	천국 체험	주디 프랭클린 & 베니 존슨	12,000
120	당신의 사명을 깨우라	M. K. 코미	11,000
121	기독교의 유혹	질 섀넌	25,000
122	우리가 몰랐던 천국의 자녀양육법	대니 실크	12,000
123	임재의 능력	매트 소거	12,000
124	예수의 책	마이클 코울리아노스	13,000
125	신앙의 기초 세우기	래리 크레이더	13,000
126	내 인생을 바꿔 줄 최고의 여행	제이 스튜어트	12,000
127	시간 & 영원	조슈아 밀즈	10,000
128	하이디 베이커의 사랑	하이디 & 롤랜드 베이커	13,000
129	하나님의 임재	빌 존슨	13,000
130	하나님의 갈망	제임스 A. 더함	14,000
131	형통의 문을 여는 31가지 선포기도	케빈 & 캐티 바스코니	5,000
132	춤추는 하나님의 손	제임스 말로니	37,000
133	참소자를 잠잠케 하라	샌디 프리드	13,000
134	영광이란 무엇인가?	폴 맨워링	14,000
135	내일의 기름부음	R. T. 켄달	13,000
136	영적 전투를 위한 전신갑주	크리스 밸러턴	12,000
137	성령을 소멸치 않는 삶	R. T. 켄달	13,000
138	초자연적인 삶	아담 F. 톰슨	10,000
139	한계를 돌파하라	샌디 프리드	13,000
140	블러드문	마크 빌츠	11,000
141	구약에서 일어난 모든 일들	윌리엄 H. 마티	13,000
142	신약에서 일어난 모든 일들	윌리엄 H. 마티	11,000
143	드보라 군대	제인 해몬	14,000
144	거룩한 불	R. T. 켄달	13,000
145	당신의 자녀를 향한 하나님의 65가지 약속	마이크 슈리브	8,000
146	무슬림 소녀, 예수님을 만나다	사마 하비브 & 보디 타이니	13,000
147	스미스 위글스워스의 병 고침(개정판)	스미스 위글스워스	12,000
148	뇌의 스위치를 켜라	캐롤라인 리프	13,000
149	약속된 시간	제임스 A. 더함	13,000
150	실패를 딛고 일어서는 믿음	샌디 프리드	12,000
151	스미스 위글스워스의 성령의 은사(개정판)	스미스 위글스워스	13,000
152	끝날 때까지 끝난 것이 아니다	R. T. 켄달	15,000
153	완전한 기억	마이클 A. 댄포스	10,000

PURE NARD BOOKS

No.	도서명	저자	정가
154	금촛대 중보자들 1	제임스 말로니	15,000
155	질투	R. T. 켄달	14,000
156	사탄의 전략	페리 스톤	14,000
157	죽음에서 생명으로	라인하르트 본케	12,000
158	금촛대 중보자들 2	제임스 말로니	13,000
159	금촛대 중보자들 3	제임스 말로니	13,000
160	올바른 생각의 힘	케리 커크우드	12,000
161	부흥의 거장들	빌 존슨 & 제니퍼 미스코브	25,000
162	악의 삼겹줄을 파쇄하라〈개정판〉	샌디 프리드	12,000
163	지옥의 실체와 하나님의 열쇠	메리 캐서린 백스터	12,000
164	문지기들이여 일어나라	제임스 A. 더함	15,000
165	안식년의 비밀	조나단 칸	15,000
166	교회를 깨우는 한밤의 외침	R. T. 켄달	15,000
167	하나님의 시간표	마크 빌츠	12,000
168	사랑의 통역사	샨 볼츠	12,000
169	예루살렘의 평화를 위해 기도하라	탐 헤스	13,000
170	마이크 비클의 기도	마이크 비클	25,000
171	유대적 관점으로 본 룻기	다이앤 A. 맥닐	13,000
172	폭풍을 향해 노래하라	디모데 D. 존슨	13,000
173	영광의 세대	브루스 D. 알렌	15,000
174	영적 분위기를 바꾸라	다우나 드 실바	12,000
175	하나님을 홀로 두지 말라	행크 쿠네만	14,000
176	하나님이 디자인하신 완전한 나	캐롤라인 리프	20,000
177	대적의 문을 취하라〈개정증보판〉	신디 제이콥스	15,000
178	R. T. 켄달의 임재	R. T. 켄달	13,000
179	영성가의 기도	찰리 샴프	10,000
180	과거로부터의 자유〈개정판〉	존 로렌 & 폴라 샌드포드	14,000
181	하나님의 불	제임스 A. 더함	15,000
182	일상에 임한 하나님의 영광	브루스 D. 알렌	14,000
183	일곱 산에 관한 예언〈개정판〉	조니 엔로우	15,000
184	마지막 시대 마지막 주자	타드 스미스	13,000
185	주의 선하신 치유 능력	크리스 고어	13,000
186	건강한 생활 핸드북	로라 해리스 스미스	15,000
187	더 높은 부르심	제임스 말로니	12,000
188	레위기, 민수기, 신명기〈개정판〉	잔느 귀용	14,000
189	당신도 예언할 수 있다〈개정판〉	스티브 탐슨	14,000
190	생각하고 배우고 성공하라	캐롤라인 리프	15,000
191	기적을 풀어내는 예언적 파노라마	제임스 말로니	13,000
192	케빈 제다이의 초자연적 재정	케빈 제다이	14,000
193	적그리스도와 마지막 때 분별하기	마크 빌츠	13,000
194	마음을 견고히 하라	빌 존슨	9,000
195	천국으로부터 받아 누리기	케빈 제다이	13,000
196	모든 것이 당신에게 유리하게 되어 있다	케빈 제다이	15,000
197	징조 II	조나단 칸	18,000
198	데릭 프린스의 교만과 겸손	데릭 프린스	10,000
199	유다의 사자	랍비 커트 A. 슈나이더	15,000
200	십자가의 왕도〈개정판〉	프랑소와 페늘롱	9,000
201	하나님의 임재 안으로 들어가기	데릭 프린스	11,000